LAS
ACCIONES
dicen mucho más que las
PALABRAS

LAS
ACCIONES
dicen mucho más que las
PALABRAS

ANDY STANLEY

La misión de Editorial Vida es ser la compañía líder en comunicación cristiana que satisfaga las necesidades de las personas, con recursos cuyo contenido glorifique a Jesucristo y promueva principios bíblicos.

LAS ACCIONES DICEN MUCHO MÁS QUE LAS PALABRAS
Edición en español publicada por
Editorial Vida – 2006
Miami, Florida

©2006 por Editorial Vida

Originally published in the USA under the title:
Louder Than Words by Andy Stanley
Published by Multnomah Publishers, Inc.
601 N. Larch Street, Sisters, OR 97759, USA
© 2004 por Andy Stanley
All non-English rights are contracted through:
Gospel Literature International
P.O. Box 4060, Ontario, CA 91761-1003, USA

Traducción: *Karen Azucena*
Edición: *Elizabeth Fraguela M.*
Diseño interior: *Art Services*
Adaptación cubierta: *David Carlson Design*

ISBN: 978-0-8297-4458-3

CATEGORÍA: *Vida cristiana / Crecimiento espiritual*

Para Sandra,
la mujer más excelente que conozco.

Contenido

PRÓLOGO

Es innegable que el carácter es la base del verdadero liderazgo. El énfasis que el apóstol Pablo hizo en torno al carácter sin mancha fue tal que lo ubicó como el primer requisito del liderazgo cristiano: «Así que el obispo debe ser intachable» (1 Timoteo 3:2). Los grandes líderes, como Winston Churchill y Billy Graham, surgieron por su carácter. Y este libro surgió por una vida de carácter.

Desde hace un tiempo he observado a Andy Stanley crecer como líder y pastor. Durante estos últimos dos años llegué a conocerlo bien. Mientras más lo observo, más me agrada. Y puedo decir, sin duda alguna, que él vive de acuerdo a los principios del carácter sólido que imparte en este libro.

Las acciones dicen mucho más que las palabras lo guiará por el proceso de descubrir los aspectos de sus creencias y valores. El impacto de un sistema personal de valores es inclusivo, abarca toda nuestra vida, desde los logros profesionales hasta la manera en que nos relacionamos con nuestros hijos y con nuestro cónyuge. También afecta la relación más importante... la que tenemos con Dios.

Paso a paso tú te sentirás motivado a enfocarte en las cualidades específicas del carácter y a descubrir sus verdaderos valores. Aprenderás a evaluar tus relaciones, metas vocacionales y hasta la forma en que te diviertes a la luz del asunto del carácter. Descubrirás si tus metas se orientan según el carácter o según los logros. Destaparás los obstáculos para el desarrollo del carácter personal que no sabías que existían. También aprenderás a asumir la responsabilidad de tus propias deficiencias. Lo que es más importante, *Las acciones dicen mucho más que las palabras* te brindará estrategias específicas para el cambio, estrategias que te ayudarán a desarrollar un carácter firme, no titubeante.

Este mundo necesita, con desesperación, gente con visión y convicción personal. Necesita madres y padres, empleados y jefes, ciudadanos y gobernantes que hagan lo correcto sin considerar el precio personal. Necesita personas que estén dispuestas a ser más como Cristo y guiar con el ejemplo. *Las acciones dicen mucho más que las palabras* te puede ayudar a convertirte en ese tipo de persona.

John C. Maxwell
Fundador de *The INJOY Group*

Mi padre, mi héroe

Tenía trece años cuando aprendí el significado de la frase: *Las acciones dicen mucho más que las palabras.* Mi papá era un pastor asociado en la Primera Iglesia Bautista de Atlanta cuando el pastor general renunció por causa de la presión que ejerció la junta de diáconos. Mientras buscaban a un substituto apropiado, le pidieron a mi padre que «llenara el púlpito». Esa era la jerga eclesial para la acción de «predicar los domingos».

Pues bien, llenó el púlpito. Y no solamente lo llenó, sino que también comenzó a llenar las bancas. Numerosas familias recién formadas empezaron a regresar a la iglesia. El ministerio juvenil comenzó a crecer. El nivel de voluntarios se elevó como nunca antes. Todos estaban entusiasmados con la nueva energía que se irradiaba desde esa histórica iglesia del centro de la ciudad.

Bueno, casi todos.

Como es común en muchas iglesias, existía un grupo de hombres y mujeres que habían sido parte de la iglesia durante más tiempo que el resto y sentían que esta, de alguna forma, les pertenecía. Después de todo, fue con su dinero que costearon la mayor parte de la nueva capilla. Y, de no haber sido por su influencia, las autoridades de la ciudad jamás le habrían permitido a la iglesia construir el gimnasio. Esas personas encabezaban todos los comités clave, incluyendo el comité de los comités que determinaba quién servía en los comités. Ellos eran *ellos* en la Primera Iglesia Bautista de Atlanta. Y *ellos* no apreciaban la repentina popularidad de mi papá ni la influencia que esta le brindaba entre los miembros de la iglesia.

Para empeorar las cosas, había un movimiento popular en marcha que buscaba elegir a mi papá para el cargo de pastor general. ¿Por qué no? Era un comunicador fenomenal. Demostraba una gran habilidad en el liderazgo. Y tenía una visión para la iglesia. ¿Qué más podía pedir una congregación? Eso dependía de la persona a quien se le preguntara.

Los poderosos pensaban que él era demasiado joven (tenía 40 años), demasiado evangelizador (invitaba a las personas a que pasaran al frente al final del servicio) y demasiado místico. Con el adjetivo «místico» querían decir que él predicaba abiertamente sobre una relación personal con Dios. También tenía el valor de desafiar a la congregación para que orara pidiendo la voluntad de Dios sobre el futuro de la iglesia. Ahora bien, *eso* era un problema real. Antes de esa época, los poderosos simplemente se reunían y decidían el futuro de la iglesia; la noción de buscar la voluntad de Dios en torno a ese asunto era completamente extraña para ellos.

En conclusión, *ellos* sabían que no podrían controlar a mi papá. Así que solo tenían una opción: deshacerse de él. Al principio, le pidieron amablemente que desistiera. Luego, lo sobornaron. En un momento dado, las presiones se volvieron amenazas, no del tipo que se exponen en los programas nocturnos de la televisión o en *CNN Presents* [CNN Presenta]. *Ellos* eran más sutiles.

La respuesta de mi papá ante todo eso me impactó para toda la vida. Y la forma como él lo veía era que Dios lo había llevado a ese lugar y cuando Dios le pidiera que se fuera, nos metería a todos en la camioneta Grand Safari y nos marcharíamos. Esa fue la época en que mi papá le pedía permiso a Dios para irse, pero siempre recibía la misma respuesta: *Quédate en donde estás. Sigue haciendo lo que estás haciendo.* Mi papá era muy directo con el grupo que deseaba su salida. Les aseguraba que si la congregación votaba por su salida, se iría silenciosamente. Esa sería la confirmación de que Dios tenía un ministerio para él en otro lugar.

La situación siguió complicándose. Los poderosos comenzaron a invitar a cenar a los miembros de la congregación. Las personas empezaron a dividirse en bandos. Se dijeron cosas desagradables y se escribieron y distribuyeron cartas anónimas. Era lo peor de la politiquería de una iglesia. Pese a todo eso, la iglesia continuó creciendo y prosperando.

Posteriormente se llevó a cabo una reunión de la iglesia para poner fin a todas las reuniones de la iglesia.

Durante un servicio normal de miércoles, dos semanas antes de la reunión en que la iglesia votaría para permitir o no que mi papá continuara en su rol de pastor asociado, me encontraba sentado en la sexta banca del lado derecho del templo. El programa acababa de comenzar cuando uno de los diáconos tomó el púlpito para dar un anuncio. El diácono Myers era parte del grupo comprometido con la inmediata salida de mi papá.

Una vez que el «hermano» Myers concluyó su breve anuncio, comenzó a exteriorizar sus sentimientos personales en torno a la candente controversia. Mientras más hablaba, más enojado y sobresaltado se ponía. Luego, para el espanto de todos, profirió una *maldición*. Nunca olvidaré la experiencia de estar sentado en una Iglesia Bautista en 1974 y escuchar a un diácono «maldecir» desde el púlpito. Inmediatamente mi papá se puso de pie, caminó hacia el diácono Myers y le dijo: «Necesita cuidar su vocabulario»...

Antes de que mi papá pudiera terminar su oración, el diácono lo amenazó con el puño y le dijo: «No, mejor será que usted se cuide o ¡puede terminar golpeado!»

La fotografía del puño cerrado del diácono Myers balanceándose a unos centímetros del rostro de mi padre permanece congelada en mi memoria. No sé exactamente cuánto tiempo estuvieron parados ahí, cerrados en un combate de ojo a ojo, pero ese tiempo pareció una eternidad. En un momento dado, el diácono Myers entendió el mensaje: mi papá no iba a dar un paso atrás. El diácono tenía que pescar o dejar ir la presa. El diácono Myers decidió pescar. Para el horror de todos en la congregación, el hermano, la hermana, el diácono, la maestra de Escuela Dominical, Myers agarró impulso y le pegó a mi padre por la mandíbula.

Ese fue un momento definitivo para mí.

A mis trece años observé de primera mano qué es hacer lo correcto aunque ello signifique pagar un precio. Yo estaba sentado ahí y observaba a mi héroe, mi papá, enfrentar las fuerzas del mal y ganar sin disparar un balazo. Entonces supe que yo quería ser ese tipo de hombre.

Pero como lo iba a descubrir más tarde, existe un precio que pagar para convertirse en un hombre de carácter. La integridad y el valor son virtudes que se deben fomentar y desarrollar con el tiempo. El deseo por sí solo no es suficiente.

En las páginas que siguen presentaré varios ejercicios y principios que han sido extraordinariamente útiles en mi búsqueda del tipo de valor y carácter que vi demostrados aquella noche, cuando yo era un estudiante de octavo grado. Mi meta al escribir este libro es crear una herramienta que te ayude a convertirte en un hombre o una mujer de un carácter ejemplar, una persona cuyo compromiso para hacer lo correcto inspire a los demás, tal como lo logró en mí el valor de mi padre.

A propósito de mi padre…

Después de recibir el golpe, mi papá se tambaleó durante un momento y luego, sin decir nada, dio un paso al lado del diácono

Myers. Las palabras no fueron necesarias. En un instante, mi papá, Charles Stanley, se convirtió en un héroe mientras que el diácono Myers y sus compinches revelaron exactamente quiénes eran ellos. Desde ese momento realmente no importó lo que dijeran las personas puesto que las acciones dijeron más que las palabras.

Capítulo uno

LA CREACIÓN DE
UNA MONTAÑA

Veintiuno de octubre de 1966. Era otra mañana encantadora en la pequeña villa galesa de Aberfan. Al romper el alba en los brillantes valles de color esmeralda del sur de Gales, los pobladores comenzaron sus actividades en las viviendas de techos de teja plana que manchaban las colinas de ese pueblo minero. Un desfile de figuras cubiertas con chaquetas cenicientas fluía continuamente hacia la mina de carbón que le dio origen a esa pintoresca comunidad.

No muy lejos de ahí Dilys Powell, una niña de diez años, se abría paso por las calles empedradas para reunirse con sus compañeros de la escuela primaria e intermedia Pantglas en la calle Merry. Este era un día típico y el majestuoso edificio de ladrillos rojos servía de hogar a unos 250 niños de la villa.

Para los hombres y las mujeres de la villa, de faz curtidas y cicatrices que ha dejado una vida de trabajo en las fosas de la mina, ese pueblo no era perfecto. Sin embargo, ante los ojos puros de un niño, cada escena le agregaba profundidad al colorido tapiz llamado hogar. A través de los polvorientos cristales en la parte trasera de la escuela, se destacaban las verdes colinas. La única excepción era la alta, presagiosa y negra montaña que se erguía en las afueras del pueblo.

Para el observador común, la montaña tenía la apariencia de un monolito de figura poco común, una sola pieza de roca que penetraba la corteza terrestre y servía como fundamento para toda la región. Pero los habitantes de Aberfan estaban mejor informados. Para ellos, era un monumento a los años de trabajo que hicieron de Aberfan su hogar.

En los momentos siguientes, ese mismo monumento captaría la atención de niños y adultos en todo el mundo.

Desde 1870 un montón de escombros de la mina emergía gradualmente desde el suelo del valle. Durante casi un siglo inmensos contenedores, transportados por cables elevados, habían depositado las cargas de los residuos de carbón de forma continua. En vista de que las monótonas descargas no alteraban la tranquilidad de los pobladores conforme pasaban los años, poco a poco el montón de residuos se fue convirtiendo en una parte natural del paisaje. Esta llegó a medir centenares de metros de altura.

Octubre veía caer en el valle una cantidad anormal de lluvia que convirtió el montículo de carbón y la tierra a su alrededor en una esponja gigante. En la mañana del 21 de octubre, David John Evans, un empleado de mantenimiento en la mina de carbón de la localidad, escaló la colina aledaña al montón de escombros para investigar los informes de que la gigantesca masa se estaba moviendo. Sin darse cuenta acababa de conseguir un asiento de primera fila para presenciar uno de los peores desastres mineros de la historia.

A las 9:30 a.m. Dylis Powell y sus amigos tomaron sus asientos. «Reíamos y jugábamos mientras esperábamos que la maestra pasara lista», recordó tiempo después. «Escuchamos un ruido y nos pareció que la habitación volaba. Los pupitres se caían y los niños gritábamos y llorábamos».

Al otro lado de la calle la señora Pearl Crowe escuchó un leve retumbo y se asomó a la ventana. «Vi cómo una masa negra de residuos se movía y se vertía constantemente en la escuela, parte de la cual colapsó. Me quedé pasmada».

Cuando la señora Gwyneth Davies escuchó el ruido, se volvió a tiempo para ver que «la montaña había cubierto la escuela».

En cuestión de segundos el rostro de Aberfan cambió para siempre. Licuados por las torrenciales lluvias, dos millones de toneladas de carbón, roca y lodo fluyeron de la montaña hacia el valle. La escuela y un grupo de casas quedaron aplastadas. Más de 200 personas, en su mayoría niños, murieron. Toda una generación se destruyó en Aberfan. Esto sucedió debido a una montaña que realmente no era una montaña.

Durante años las personas de Aberfan habían trabajado para edificar una comunidad. La inmensa montaña de carbón se erguía como la pieza central de una ciudad esculpida en el paisaje galés durante años de arduo trabajo. Era un legado creciente que permanecía en ese sitio para las nuevas generaciones. Pero, en el transcurso de un día, todo eso cambió.

Sin embargo, ese era un día que desde hacía mucho tiempo estaba formado.

REGRESO A ABERFAN

Como pastor que soy, paso mucho tiempo con personas que intentan emerger de catástrofes personales… sucesos que a menudo estuvieron en proceso de creación durante años, pero que tomaron a las personas «por sorpresa». Un fracaso matrimonial, un embarazo no deseado, una crisis económica, problemas laborales. Mientras escucho, dos preguntas se cruzan en mi mente: *¿Por qué nos cuesta* *reconocer las trampas que nos ponemos a nosotros mismos?* y *¿qué pudo haber hecho esta persona para evitar esa situación?*

Las respuestas casi siempre parecen reducirse al mismo asunto.

El carácter.

Convicciones inestables. Valores mezclados. Egoísmo. En algún lugar esos individuos se desviaron del camino de la justicia. Pero nada sucedió al principio. Por lo menos, nada de lo cual estuvieran conscientes. Ese fue el comienzo de su montón de residuos que se alzó a una obvia distancia de sus almas.

Existe otro grupo de personas con las cuales me relaciono de forma regular. Son las personas que enfrentan las inevitables tormentas de la vida sin haberlas creado. Son tormentas que crean las deficiencias del carácter de las demás personas. Se trata de las tormentas que constituyen una parte natural del mundo caído.

Ahí, en medio de un trato injusto y lo que parece ser un dolor no merecido, se revela el verdadero carácter de un hombre o una mujer. Los pretextos salen al descubierto. Se desmoronan los sistemas de creencias que se heredan y que no se prueban. Se descarta la apariencia religiosa y social. Lo que tú ves en esos momentos es lo que realmente ha estado ahí siempre.

Mientras muchos se sienten destrozados, arrastrados por las ráfagas del enojo o la desesperanza, emerge, de entre las tormentas más severas, una especie única de personas con una perspectiva y una actitud piadosas que permanecen intactas. Al igual que un inmenso pino del norte plantado en el estrato de una roca, los fundamentos de esa especie única son profundos. Evidentemente son más de lo que aparentan ser. Son hombres y mujeres que no han invertido los años de su vida en lo que se ve sino en lo que *no* se ve.

Son personas de carácter. Hombres y mujeres cuyas acciones y actitudes hablan por sí mismas. Mucho más que palabras, sus vidas hablan de lo que hay en su interior.

Tu yo verdadero

Tu carácter es lo que verdaderamente eres.

Impactará lo que logres en esta vida.

Determinará si tú eres una persona que vale la pena conocer.

Creará o destruirá cada una de tus relaciones.

Tu carácter ayuda a determinar durante cuánto tiempo podrás aferrarte a la fortuna obtenida por el arduo trabajo o la buena suerte. Tu carácter es el guión interno que determinará tu reacción al fracaso, al éxito, al maltrato y al dolor. Alcanza cada una de las facetas de tu vida. Se extiende más que tu talento, tu educación, tu origen o tu círculo de amigos. Estas cosas te pueden abrir puertas, pero tu carácter determinará lo que suceda una vez que pases por · esas puertas.

Tu buena apariencia y tu red social pueden hacer que contraigas matrimonio; tu carácter te mantendrá casado. Podrás capacitar tu sistema reproductivo, que recibiste de Dios, para tener hijos pero, tu carácter determinará tu habilidad para relacionarte y comunicarte con esos hijos.

Este es un libro que trata sobre el cambio, sobre el proceso, que dura toda una vida, de tomar, moldear, darle forma y afinar la materia prima hasta convertirla en un producto terminado. Te guste o no, ese proceso ya está sucediendo en tu interior. Comenzó el día en que naciste y continuará hasta el día de tu muerte.

El cambio siempre ocurre a lo largo del camino. La mayor parte del tiempo no es perceptible. Muchos de nosotros sembramos árboles durante la infancia, los cuales, al momento de que nos vamos de casa, nos parecían del mismo tamaño que cuando los plantamos. No fue sino hasta años después, al regresar a casa, que pudimos detectar un crecimiento obvio. Sin embargo, algo ocurría durante esos días de la infancia. Se desarrollaba un proceso que en un momento dado produciría un árbol maduro. Años después contemplamos el cambio y nos maravillamos de él.

Lo que es cierto en cualquier organismo viviente es cierto en tu carácter. Tu carácter no está estancado, al contrario, se está desarrollando o deteriorando. Tú no eres la misma persona que fuistes ayer. Cierto, es posible que no sientas ningún cambio ahora mismo. Quizá no estés conciente de ninguna diferencia. Pero te aseguro que si tuvieras que irte ahora y regresar diez años después, estarías sorprendido, impactado, quizá emocionado o tal vez entristecido por la diferencia.

Tú has cambiado y sigues cambiando. Así como tu ser externo refleja lentamente los inevitables cambios que acarrea el tiempo, tu ser interno asume cambios similares, aunque no igualmente inevitables.

¿HACIA DÓNDE TE DIRIGES?

¿Quién serás en cinco años? ¿En diez años? No me refiero a tu rol o título laboral. Durante un momento deja a un lado los sueños relacionados con tu carrera o red social. Hablo acerca de lo que esperas encontrar en tu interior. ¿En qué tipo de persona esperas convertirte?

Este día tú diste un paso. Te acercaste o te alejaste de lo que esperas llegar a ser. La mayoría de las personas se alejan de su objetivo. Un puñado superó la inercia negativa de este mundo caído y se movió hacia adelante. Pero nadie —*nadie*— se quedó quieto.

Con certeza sé que dirigir un servicio durante un funeral no es el aspecto más placentero de mi trabajo. No obstante, es claro que hay buenos funerales y malos funerales. Durante un buen funeral, tú celebras una vida, escuchas relatos que hablan del amor, la amabilidad, la fidelidad y la capacidad para poner a otros en primer lugar, ser mentor de otros y compartir los bienes. En un mal funeral tú escuchas historias sobre golf y decoración.

No es que haya algo malo en el golf o la decoración. Pero si te piden que durante tres minutos hables ante familiares y amigos sobre lo que más recuerda de «fulano de tal» y, para matar el tiempo, tienes que contar una historia de golf, algo anda mal.

¿Cuál es mi punto? Tu carácter, no tus logros o adquisiciones, determinan tu legado. ¿Es eso importante? Sí, es muy importante. Conforme pasen los años, será más importante. El problema es que el carácter es como un árbol, no se desarrolla de la noche a la mañana. El verdadero carácter se desarrolla a lo largo de la vida. Tú no puedes esperar hasta el último minuto, pasarte toda la noche estudiando y esperar una calificación para pasar la asignatura. La medida del carácter de un hombre o de una mujer no se determina en un examen de complemento o de opciones de falso y verdadero.

Este es un examen de una composición escrita.

Una composición que toma toda la vida escribirla.

Este día tú escribiste una sección.

No fue una sección larga. Tal vez no fue una sección significativa en sí. Es posible que la sección de este día fuera una leve variación de la sección de ayer. Pero mira hacia atrás, hace diez años, o veinte años, y te sorprenderás. Depende completamente de ti que se trate de una sorpresa agradable o una desagradable.

«Espere», dices. «¿Depende completamente de mí? No lo creo. ¡Hay muchas cosas que impactan mi carácter y que no puedo controlar!»

Tienes toda la razón si te refieres a tu punto de partida, dónde comenzó y con quién comenzó. Desde luego, hay sucesos, experiencias y abusos que te pueden poner en desventaja al comienzo de la carrera de la vida. Tú no escoges tu punto de partida. Pero tienes la oportunidad, y la responsabilidad, de escoger dónde terminar. Esto es porque el carácter no se trata tanto de lo que tú eres sino en qué te estás *convirtiendo*. No se trata del lugar donde tú estás sino hacia dónde te diriges.

Otro aspecto que deseo resaltar es que no se trata de un vuelo individual. No es un asunto basado en el eslogan «Sé todo lo que puedas ser». La verdad es que la mayoría de nosotros somos todo lo que podemos ser. Y he ahí el problema: ser todo lo que podemos ser no es suficiente. Necesitamos ser lo que no somos y, por nuestra cuenta, no podemos ser sino como somos.

Es entonces cuando nuestro Padre celestial sonríe (y, en algunos casos, mueve la cabeza en señal de asombro) y nos ofrece su mano. Una mano muy grande.

> Porque a los que Dios conoció de antemano, también los predestinó a ser transformados según la imagen de su Hijo ... Si Dios está de nuestra parte, ¿quién puede estar en contra nuestra?
>
> ROMANOS 8:29, 31

En términos sencillos, el Creador del universo planea involucrarse íntimamente en el proceso de mover tu carácter hacia una dirección positiva. Él tiene un plan para tu yo interno, tu carácter. Esa parte tuya que compartirá la eternidad con él. Esa parte tuya que, más que cualquier otra, determina quién eres en realidad.

Este libro es una estrategia para el desarrollo del carácter.

Cada día de tu vida tú caminas hombro a hombro con un experto estratega. Es alguien que te odia. Alguien cuya intención es quitarle a tu carácter cualquier aspecto que refleje, de alguna manera, la naturaleza o la huella de tu Padre celestial.

En este libro planeo ofrecerte una estrategia, probada con el tiempo, para ayudarte en esa lucha.

Capítulo dos

¿QUÉ ES EL CARÁCTER?

*En todo el mundo, los seres humanos tienen la curiosa idea de
que deben comportarse de una manera determinada, y no
pueden deshacerse de ella.*

C.S. LEWIS

S e creía que sería el logro más grande en la historia de la
astronomía. Costó casi cuatro mil millones de dólares y
requirió el trabajo de ingeniería de más de seis mil hombres y mujeres durante casi una década. Recibió el nombre de uno de los más aclamados pioneros de la astronomía, el
doctor Edwin P. Hubble, un hombre que cambió nuestra comprensión del universo.

La idea era poner un telescopio de avanzada en órbita que reco-
gería información muy por encima de los efectos de la atmósfera terrestre que distorcionan. Los científicos serían capaces de obtener y
descifrar la luz desde una distancia superior a los veinte mil millones de años luz. Se contrataron especialistas procedentes de todo el
país para supervisar el desarrollo de miles de partes vitales. Se diseñaron paneles solares para propulsar las delicadas maniobras del telescopio de 2,500 libras de peso. Los ingenieros desarrollaron un in-
trincado sistema de giroscopios a fin de mantener la puntería

precisa en los objetos en las interminables profundidades del universo.

El broche de oro era el espejo principal del telescopio. Con más de nueve pies de diámetro, la creación de esa obra maestra cóncava tomó seis años y una serie de especificaciones exactas. El prolongado proceso incluyó el perfeccionamiento de la óptica en pasos microscópicos, mientras se guardaba una uniformidad constante en todo el ancho del espejo.

Finalmente, el 24 de abril de 1990, el rugido de los motores del cohete retumbó en la zona central del estado de la Florida y se anunció el lanzamiento del transbordador espacial *Discovery*, propiedad de la NASA. Los astronautas del transbordador pondrían el Telescopio Espacial Hubble en órbita a unas 300 millas sobre la tierra. En el Instituto Científico del Telescopio Espacial en Baltimore, Maryland, se reunían multitudes frente a las pantallas de las computadoras a la espera de las primeras imágenes del primer observatorio orbital del mundo.

No obstante, cuando la información comenzó a llegar, el ambiente de anticipación gradualmente se convirtió en aturdimiento, luego en incredulidad y, finalmente, en choque total.

Sucedió lo impensable.

¡Los lentes no enfocaban!

Incluso los planetas más cercanos aparecían como burbujas borrosas. Las estrellas conocidas no eran más visibles de lo que era en la tierra. Una vez que se analizaron los detalles, se determinó que las especificaciones del espejo principal estaban fuera de línea por un cincuentavo de la anchura de un cabello humano. Prácticamente, el telescopio era inservible.

Se necesitarían casi cuatro años y cientos de millones de dólares para rectificar el error. En una peligrosa serie de caminatas por el espacio, los astronautas instalaron un sistema detallado de óptica correctiva al interior del telescopio. Así reinvindicaron uno de los más grandes desatinos del programa espacial.

Todo esto debido a un error tan pequeño que solo el equipo más delicado de la ingeniería pudo detectar.

ENFOQUE EN EL CARÁCTER

Yo tenía treinta años cuando descubrí que mi propio «espejo principal» estaba desenfocado. A pesar de lo que muchos considerarían un lanzamiento victorioso, mi imagen del futuro estaba un poco borrosa. Tenía buenas intenciones. Estaba muy motivado. Pero estaba confundido en cuanto a mi destino.

Durante esa época de falsos comienzos y autoevaluación, llegué a la conclusión de que el desarrollo de mi carácter era más importante que la orientación de mi carrera. Y si eso era cierto, debía encontrar una definición de carácter... y rápidamente.

Entonces aprendí que no existe un consenso en lo que significa tener carácter. Todos podemos mencionar las características que una persona con carácter demuestra. *Pero, ¿qué es?* Usted lo reconoce cuando lo ve pero, ¿cómo lo define? ¿Es realmente necesaria una definición?

Por supuesto. Aquí está el porqué. Todos estamos de acuerdo con que el carácter es importante. Es algo que todos esperamos ver en los demás. No obstante, sin una definición clara, sin un blanco al cual disparar, fácilmente caemos en el engaño de pensar que, en efecto, somos hombres y mujeres de carácter, y que son los demás quienes están equivocados. Mi definición de carácter se vuelve cualquier cosa que me parezca natural, ¡el carácter es lo que más desearía ver en ti!

Sin una definición, simplemente seguiremos nuestras inclinaciones naturales y criticaremos las inclinaciones naturales de aquellos que no encajan con nosotros.

En algunos círculos se considera que las personas tienen carácter si su conducta es amistosa y cordial. Otros definen el carácter como la capacidad de defender las creencias personales. Raramente se cuestiona la validez de esas creencias. El hecho de que un hombre o una mujer defienda su postura es suficiente para catalogarlo como un individuo de carácter.

La conclusión es que en nuestra cultura el carácter es un blanco movible. Está sujeto a la personalidad, el ánimo, el origen, el estrato económico, la afiliación religiosa, la lista es interminable. Por consecuencia, si le preguntas a cualquier persona si tiene carácter, él o ella te responderá que, en efecto, es una persona de carácter. Pero no le pidas que te lo defina.

TODA LA VERDAD

La Biblia presenta un cuadro totalmente diferente acerca del carácter. Este no es un blanco movible. El carácter bíblico encuentra su fuente en la naturaleza de nuestro Creador, en lugar de los patrones humanos de la conducta. El buen carácter es nada menos que un reflejo del carácter de Dios. Nuestro Padre celestial y su Hijo son la personificación del carácter. No son simplemente una imagen de lo real, ellos *son* lo real. Definen el carácter por su misma existencia.

Por esta razón, el carácter bíblico es algo de lo que somos responsables. Si eso es cierto, también es algo que a menudo somos tentados a ignorar. Aun más, la mayoría de nosotros está de acuerdo en que los preceptos y los principios inherentes para una comprensión bíblica del carácter son esenciales para una vida y unas relaciones saludables.

Cuando pensamos en función de lo que deseamos en un amigo o el cónyuge, cuando pensamos cómo nos gustaría que fueran nuestros hijos, cuando contemplamos los aspectos que desearíamos cambiar en nuestro jefe, regresamos una y otra vez a la misma línea de base. Anhelamos encontrar en los demás virtudes tales como honestidad, lealtad, autocontrol, fidelidad, paciencia, amabilidad. Quizá no queramos comprometernos a poseer estas virtudes pero ciertamente deseamos ver estas características en las personas con quienes nos relacionamos.

James Kouzes y Barry Posner entrevistaron alrededor de 1,500 gerentes de todo el país para un estudio que patrocinó la Asociación Americana de Gerencia. Ellos le hicieron la siguiente pregunta indefinida: «¿Cuáles son los valores, los rasgos o las características personales que buscan y admiran en sus superiores?» Se identificaron más de 225 valores, rasgos y características diferentes. La respuesta más frecuente fue: «Tiene integridad, es veraz, es digno de confianza, tiene carácter, tiene convicciones».[1] Como sociedad, verdaderamente somos constantes en lo que respecta al tipo de carácter que esperamos ver en los demás.

Una y otra vez los hombres y las mujeres se demandan entre sí una conducta que haga eco de los valores y las prioridades de los apóstoles y los profetas de antaño. Sin que nos percatemos de ello, anhelamos que las personas modelen el carácter que ejemplificó nuestro Salvador. Reconocemos la inconstancia de las personas con quienes vivimos. El relativismo moral de nuestra cultura, nuestros líderes nacionales y hasta nuestros «héroes» modernos nos quitan la inspiración. Y muchos luchan con la noción de que cualquier cosa que se ajuste a sus necesidades en un momento dado define qué es lo *correcto*, con lo que demuestran que existe un mayor consenso en torno al asunto del carácter que es superficial.

Con todo, aún buscamos una definición.

LA CONSTRUCCIÓN DE UNA DEFINICIÓN

Como punto de partida, la definición de carácter que usaremos en este libro se basa en dos principios básicos de la fe:

1. Dios es el creador de todas las cosas.
2. Tú le perteneces.

La soberanía absoluta de Dios se establece en las primeras palabras de la Biblia. Él posee el poder para crear los cielos y la tierra, nada lo precede o excede en el poder. Dios es el origen absoluto de todas las cosas. En sus propias palabras: «¿Con quién, entonces, me compararán ustedes? ¿Quién es igual a mí?, dice el Santo» (Isaías 40:25).

Además, como Fabricante, él ha publicado un extenso manual del usuario para que lo sigamos y ha provisto todos los detalles para el cuidado apropiado y el mantenimiento de sus productos, es decir, nosotros. Podemos aceptar que sus instrucciones son absolutas. Desde luego, hay muchos mecánicos que trabajan en su patio, debajo de un árbol y a quienes les encanta ofrecer su consejo, pero nadie conoce esos productos como el Fabricante.

Pero desde el principio Dios nos dio la libertad para elegir. Tenemos la libertad de escoger entre lo bueno y lo malo, lo correcto o lo incorrecto. Y, por si no lo sabes, cada uno de nosotros, comenzando con Adán y Eva, escoge lo malo en lugar de lo bueno, lo incorrecto en lugar de lo correcto. Estas selecciones tienen consecuencias eternas.

Sin embargo, Dios tenía un plan de rescate, una forma de liberarnos de la última consecuencia de nuestro pecado. Sencillamente intercambiamos nuestra vieja vida y obtenemos una nueva vida, ¡absolutamente gratis! Lo mejor de todo es que Dios accede a operar nuestra nueva vida y darle mantenimiento. En este sentido mantiene la propiedad mientras nosotros obtenemos un uso ilimitado de la nueva vida. Un participante lo describe de esta manera: «Fueron comprados por un precio. Por tanto, honren con su cuerpo a Dios» (1 Corintios 6:20).

El problema en todo esto es que «honrar» a Dios con nuestros cuerpos requiere la entrega del control. Y a nadie le gusta entregar el control aunque sepa que alguien más puede hacer un mejor trabajo. Pero esto es parte del trato. En esta vida y en la próxima nos beneficiaremos hasta el grado que entreguemos el control. Jesús dijo: «Porque el que quiera salvar su vida, la perderá; pero el que pierda su vida por mi causa, la encontrará» (Mateo 16:25).

En conclusión, para convertirnos en hombres y mujeres de carácter, debemos entregarnos a la propiedad de Dios.

Por lo tanto, según los dos principios básicos —la soberanía de Dios y su derecho de propiedad— el carácter se define de esta manera:

El carácter es la disposición para hacer lo correcto, como lo define Dios, sin considerar el precio personal.

Observa que existen dos ingredientes esenciales del carácter. Primero, el carácter exige el compromiso de hacer lo que es correcto a pesar de lo que pudiera costarnos personalmente. Esto significa que cuando la tentación nubla nuestro pensamiento o hacer «lo correcto» nos crea una contrariedad, ya habremos tomado nuestra decisión sobre la base de un conjunto predeterminado de principios. El carácter es hacer lo correcto porque eso es lo que debe hacerse.

Segundo, debemos reconocer que existe una norma absoluta en cuanto el bien y el mal, una norma cuya existencia es independiente de nuestras emociones, experiencias o deseos. Esta norma es un punto de referencia permanente y estable por medio del cual podemos medir nuestras selecciones.

Por supuesto, hablar en nuestra sociedad posmoderna acerca de absolutos no es popular en ningún sentido. Pero, como dijo C.S. Lewis: «Cada vez que tú encuentres a un hombre que dice que no cree en el bien o en el mal como algo verdadero, encontrarás a ese mismo hombre, un momento más tarde, negando todo eso. Él considera que puede romper una promesa, pero si tú intentas romperle a él una promesa, en menos de lo que canta un gallo te dirá "eso no es justo"».[2]

Al adoptar esta norma, conforme a la Palabra de Dios, llegamos a una definición que es universal y aplicable a todas las culturas y sociedades en todo tiempo.

El misionero John Wolfinger, durante la Segunda Guerra Mundial, asumió una postura que personifica esta definición de carácter. En Borneo, Wolfinger dirigía un grupo de unas cien personas convertidas al cristianismo. Cuando los militares japoneses tomaron el control de la isla, trataron de arrestar y ejecutar al misionero. Los seguidores de Wolfinger diseñaron un plan para esconderlo en las montañas hasta que pasara el peligro. Sin embargo, Wolfinger pensó que si escapaba de sus aprehensores, les daría a los nuevos convertidos una imagen equivocada de Dios. Mientras ellos insistían en la idea de esconderlo, Wolfinger les explicaba que cuando los japoneses preguntaran sobre su paradero, sus seguidores tendrían que mentir y eso no era aceptable.

Así que, en lugar de dejar a sus seguidores con una imagen distorsionada del carácter de Dios, Wolfinger se quedó donde estaba, lo capturaron y lo ejecutaron.

Wolfinger reconoció que Dios no aprueba la mentira, no importa cuáles sean las circunstancias. Mantuvo la voluntad para hacer lo correcto a costa de su vida.

En la búsqueda del carácter, la tentación será adoptar una definición a la que le falte uno o ambos ingredientes clave. El mundo nos anima a obviar la noción de un sistema absoluto de lo bueno y lo malo o, si no logras esto, entonces debemos evitar el costo a corto plazo de adherirnos a ese sistema.

NO ACEPTES SUSTITUTOS

Fuimos creados con la afinidad natural de adoptar alguna noción del carácter, sea esta exacta o no. Si no definimos con claridad qué es el carácter, tendemos a llenar el vacío con las imitaciones huecas que nos ofrece la cultura popular. El problema es que si tú escucha una mentira durante un tiempo lo suficientemente largo, en un momento dado te lo vas a creer. Por consecuencia, con rapidez perdemos la habilidad de discernir la diferencia. A la velocidad del relámpago, nos llenamos la cabeza de ideas y, de una forma sutil, nuestras creencias se distorsionan y se tuercen. Sin que nos percatemos de ello, desarrollamos una versión de carácter que es un simple sustituto, una caricatura de la versión real. Al fracasar en la selección de una definición apropiada, escogemos fracasar en el área del carácter personal.

A pesar del hecho de que la industria del entretenimiento raras veces trata de frente el tema del carácter, hay un evidente ejemplo cuya abierta declaración sobre la definición de carácter es digna de explorar. En 1989, el cineasta Spike Lee logró el reconocimiento y una nominación al Oscar por su película *Do the Right Thing* (Haz lo correcto).

El filme muestra un día en la vida de los residentes de Bedford-Stuyvesant, uno de los barrios afroamericanos más famosos de Brooklyn, en donde se entretejen las tensiones de sus habitantes. Los únicos negocios prósperos son una tienda de abarrotes, cuyos propietarios son de origen coreano, y Sal's Famous Pizza. Mientras tanto, los negocios de los afroamericanos de la misma zona tienden al fracaso. Sal, un chef italiano, no parece ser el personaje que se convertirá en el eje de un motín racial ya que se muestra orgulloso de servir a los residentes del barrio. Sin embargo, durante el «día más caliente en la historia», un conflicto leve llega al punto de la ebullición. Los clientes de Sal se percatan del hecho de que no hay afroamericanos en las fotografías de celebridades que decoran la pizzería.

En medio del conflicto, se halla el repartidor del negocio de Sal, Mookie, un afroamericano de unos veinte años que se siente llamado a luchar contra la injusticia racial. Mookie se ve forzado a escoger entre la lealtad hacia su jefe y sus convicciones en torno a las opciones decorativas de Sal.

El clímax del filme se muestra cuando el agitado repartidor, que es el mismo Spike Lee, se para enfrente de su lugar de trabajo y contempla el conflicto en su comunidad. Después de un momento de deliberación, lanza un basurero contra las ventanas de la fachada de la pizzería, lo que desencadena un fuerte motín que incluye saqueos e incendios.

La película termina con citas yuxtapuestas de Martín Luther King Jr. y Malcolm X referentes a la justificación de la violencia. Al final, sin embargo, este filme envía el claro mensaje de que hacer «lo que es correcto» significa atizar el odio, destruir los medios de subsistencia de una persona y derrumbar media manzana de la ciudad, una postura influenciada, sin duda, por el finado Malcolm X, cuya mantra en torno a los derechos civiles era defenderlos «por cualquier medio necesario».

Pero hay un problema significativo en esta filosofía. Puesto que el lema se enfoca solamente en los medios, al parecer se pierde de vista el fin. Sin una meta en particular que lo guiara, Mookie queda a merced de las ideas fortuitas de su propia imaginación. Y como veremos después, a menos que los principios uniformes guíen nuestras decisiones, el resultado es el caos.

Lo creas o no, *Do the Right Thing* es una película sobre el carácter. Pero, como lo hemos visto, si tú no tienes una definición del carácter, vas a errar el blanco. Y eso es exactamente lo que le sucedió a Mookie en esta historia. Su enojo era inteligible. Desde su perspectiva, los afroamericanos han sufrido siglos de persecución, esclavitud, diversas manifestaciones de discriminación y prejuicio.

Los crímenes contra los afroamericanos son reales y perversos. Mookie no es culpable de anhelar que se haga justicia. En su corazón, todo lo que quería era ver que las personas de su raza se trataran con la dignidad que merecen. Y, ante sus ojos, él hizo lo correcto. Sin embargo, sin una brújula moral exacta y sin un entendimiento apropiado del carácter, su versión de «lo correcto» solamente sirvió para profundizar la grieta entre los negros, blancos, coreanos e italianos. Su intento sincero de hacer lo correcto terminó en caos. Dolor. Pena permanente.

He visto que este escenario se repite una y otra vez en la vida real. No obstante, en lugar de ser Mookie quien lanza un basurero contra las ventanas de la pizzería, veo esposos y esposas que se abandonan. Veo niños y adolescentes que se rebelan contra la autoridad. Veo empleados que se aprovechan de sus jefes. Y en cada escenario los hombres, las mujeres y los adolescentes justifican sus acciones. Sinceramente, sienten que «hacen lo correcto». En sus corazones tienen un caso seguro e innegable en contra de quien los haya ofendido.

Si hicieras una labor de rastreo, te darías cuenta de que cada acto de «violencia sin sentido», sea político, racial o doméstico, comienza con un motivo genuino. Pero en algún punto del camino el perpetrador, a quien le falta una brújula moral exacta, cambia el motivo genuino por uno perverso. En este caso, Mookie cambió un motivo sincero —el deseo de que se hiciera justicia— por uno destructivo, la venganza. El eslabón perdido siempre es el carácter. El carácter que es auténtico, que Dios ordenó y que pone en primer lugar al prójimo.

EL NÚCLEO DEL CARÁCTER

Este es un tema del que Dios habló sin titubeos ni cambios de opinión. Cuando abrimos las páginas de las Escrituras, descubrimos que el carácter no es el blanco movible en el que la sociedad quisiera que creyéramos. No es el producto de la filosofía del «hombre que se hace a sí mismo» que prevalece en la capital de nuestra nación. El carácter tampoco se define por las prácticas comunes de la plaza del mercado. El verdadero carácter se define por la misma naturaleza de Jesucristo, piedra de tropiezo para algunos, una roca sólida para otros.

El carácter es la disposición para hacer lo correcto,
como lo define Dios, sin considerar el costo personal.

Existe una variedad de palabras y frases que podríamos usar, pero esta será nuestra definición. Ahora que avanzamos en nuestra exploración del carácter, lo más importante que debemos recordar es que los dos principios básicos de la fe moldean nuestro concepto de carácter: (1) la creencia en un sistema absoluto del bien y del mal y (2) la disposición de hacer lo correcto sin considerar el costo personal.

En el núcleo de cada batalla del carácter se encuentra el tema del señorío. ¿Estamos dispuestos a permitir que Cristo sea el Señor de nuestras vidas cuando esto nos acarrea costos personales? Si no es así, más tarde pagaremos un precio mayor. Es solo cuestión de tiempo. Ser una persona de carácter no siempre es fácil. Los requisitos pueden parecer paredes de una cárcel, y los preceptos, barrotes. Siempre que te comprometes a algo para lo cual recibirás la recompensa a largo plazo, ocurre lo mismo. Definitivamente, el carácter es una proposición a largo plazo. Pero sus beneficios no están reservados únicamente para un tiempo distante y nebuloso en el futuro. Como estamos a punto de descubrir, existen beneficios que se pueden experimentar casi de inmediato.

Capítulo tres

TU CARÁCTER SE EXTERIORIZA

*La transformación que se opera del interior al exterior implica
un cambio gradual que en lugar de relacionarse de una manera
autoprotectiva se relaciona con verdadero amor.*

DR. LARRY CRABB

Aunque no lo veas ahora, tu carácter se exterioriza. Esto es especialmente evidente para las personas que te conocen, viven y trabajan contigo. Estas son las personas que desearían que alguien se sentara a tu lado y te dijera lo que no quieres oír o no puedes entender. Son las personas que, inclusive, han intentado hacerlo en alguna ocasión. Quizá tú las viste y les dijiste con toda sinceridad: «Tú tienes razón, realmente necesito rectificar eso». O quizá sonreíste cortésmente y pensaste: *¿Con qué derecho me dices cómo debo vivir mi vida?*

Te guste o no, sea intencional o no, tu carácter está en exhibición ante un mundo expectante. Realmente no es un secreto. Tu carácter se exterioriza debido al papel único e inevitable que desempeña en nuestra relación personal.

El carácter es el aceite del motor de nuestras relaciones.

ENCIENDE TUS MOTORES

Cada mañana, sin pensarlo dos veces, cientos de millones de personas encienden una de las maravillas más complicadas y elaboradas que la era industrial ha producido. El motor del automóvil es un milagro silencioso de la física en el que se realizan cientos de complejas operaciones en menos de un segundo. Esta coreografía de piezas móviles hace que un desfile militar parezca un simulacro de incendio chino.

Y todo empieza al girar una llave.

El interruptor de ignición hace contacto y envía una corriente eléctrica que fluye a través de una red de alambres torcidos en forma de espagueti. Al instante, docenas de circuitos individuales cobran vida. Un electromagneto propulsa el engranaje girante para que este haga contacto con los dientes de la rueda rotativa del motor. Inmediatamente el cigüeñal se acelera a más de trescientas revoluciones por minuto. Un delicado sistema de sincronización abre y cierra las válvulas y regula el flujo de materiales en los cilindros. El primer pistón empieza a comprimir el oxígeno y el combustible evaporizado atascado en su cámara. Simultáneamente una bobina envía una descarga permanente al distribuidor, que inspecciona la actividad en cada cilindro y libera una chispa en el momento preciso de compresión total con lo que se enciende el combustible como si fuera un relámpago en el momento oportuno. Mientras tanto, las válvulas se abren en los otros cilindros, liberan el desgaste e inhalan una provisión fresca de combustible oxigenado. Hasta ese momento, pasaron aproximadamente cuatro décimas de un segundo.

Mucho antes de que las personas se pongan el cinturón de seguridad, ocurren literalmente cientos de explosiones. Cada una almacena suficiente fuerza para propulsar una bala calibre .22 a una distancia superior a ocho kilómetros. Estas explosiones, guardadas en las paredes de la unidad del motor y amortiguadas por un sofisticado sistema de extinción, apenas son audibles para los pasajeros.

En todo el motor, cientos de piezas metálicas proporcionadas comienzan a afilarse entre sí mientras las explosiones continúan.

La bomba del aceite se apresura a proporcionarles una provisión fresca a los componentes vitales. En los once segundos que al lubricante le toma llegar a las arterias del motor y saturar las piezas, el motor sufre un crítico período de transición. Durante esos once segundos experimentará el equivalente al desgaste de unas quinientas millas, ya que sus componentes asumen una relación abrasiva con sus contrapartes. Con tan solo los residuos del aceite para su protección, los componentes se desgastan entre sí en hostilidad creciente.

Sin el aceite, las mismas piezas que fueron diseñadas para una compatibilidad tan precisa se destruirían entre sí en cuestión de minutos. Si no me crees, ¡solo olvídate de esa lucecita roja en tu tablero!

No es una exageración visualizar nuestro mundo como una máquina compleja, compuesta de millones y millones de personas que se relacionan entre sí. Posicionadas de una forma particular para cumplir funciones específicas, las personas desempeñan operaciones individuales que son vitales para la eficacia de nuestra máquina social. Así como las partes de un motor forman un elaborado rompecabezas de piezas entrelazadas, la gente se relaciona a fin de que la sociedad funcione en la forma de familias, amistades, negocios y matrimonios.

No obstante, por la falta de carácter, las personas se destruyen las unas a las otras y en un momento dado la fricción de las diferencias es tal que las personas que parecían destinadas a estar juntas terminan destrozándose entre sí.

Todos los días hombres y mujeres, que parecían ser perfectos los unos para las otras, causan un daño irreversible a sus matrimonios. En los negocios, socios compatibles descubren que son incapaces de solventar diferencias mezquinas. Asimismo, padres y madres, hijos e hijas, vecinos y amigos ven cómo sus relaciones se terminan debido a asuntos aparentemente insignificantes, mientras que otros prefieren retirarse en silencio a fin de evitar el conflicto.

Todo esto a causa de la falta de un ingrediente: el carácter.

El carácter es el lubricante que permite que nuestras personalidades se acomoden apropiadamente.

Si hay un déficit en el carácter, pagamos el precio en nuestras relaciones. Dos personas pueden estar perdidamente enamoradas y pueden tener en común todas las cosas, pero si no tienen carácter, tarde o temprano te mostraré una crisis que está esperando estallar.

A los empleados de una buena compañía se les dificulta respetar a su jefe si este carece de carácter.

El conflicto es inevitable en una comunidad cuyo líder, a pesar de ser talentoso y carismático, no tiene carácter.

Cuanto más se relacionen dos piezas, mayor será la probabilidad de que haya fricción entre ellas. Al parecer, cuanto más cercana sea una relación, mayor será la posibilidad de que se desate una catástrofe. Esto explica por qué las personas más cercanas a nosotros son quienes, al parecer, nos hieren más; por qué los esposos y las esposas a veces se convierten en los peores enemigos; por qué tantos hermanos viven como rivales.

Tristemente, el daño no termina ahí. Un alarmante 55 por ciento de los crímenes violentos en Estados Unidos corresponde a la violencia doméstica. Más del 90 por ciento de las víctimas de asesinatos muere a manos de un conocido suyo. De estas, el 45 por ciento es asesinado por un familiar.

Mientras más te acerques a quienes te rodean, más aumentará la posibilidad de que surja el conflicto. De la misma manera, las cosas tienden a enfriarse cuando te apartas. A tus hijos peleones los aíslas en sus habitaciones respectivas hasta que el ambiente se tranquiliza. En medio de un pleito, tú sales de la casa o buscas un remedio temporal en el botiquín. A tu vecino lo acaban de despedir porque no podía relacionarse bien con sus compañeros de trabajo. Y en algún lugar de la ciudad, la policía arresta y aparta de la sociedad a los criminales a fin de prevenir futuros problemas.

Cuando los medios temporales dejan de ser eficaces, las personas hacen las maletas, llaman a sus abogados y les dan ultimátums a sus hijos. Sin embargo, a largo plazo la evasión de los conflictos no mantendrá el funcionamiento del motor de la sociedad. A una persona se le quita su rol principal en la intrincada maquinaria de las relaciones, y en poco tiempo el motor funcionará mal.

Cuando los esposos abandonan a sus esposas para aminorar el conflicto, o viceversa, el remedio momentáneo del estrés explota en los hijos, quienes enfrentan sin uno de sus padres el trauma y la inseguridad ante la vida.

Cuando un empleado malhumorado renuncia o lo despiden, la consecuente transición y pérdida de productividad abruman a la compañía y, en un momento dado, a la economía en general.

El confinamiento de la gente «problemática» en las cárceles le otorga una carga cada vez mayor al resto de la sociedad.

Apartarnos de la fuente de fricción es como apartar las partes vitales de una intrincada maquinaria de relaciones, esto conduce a problemas mayores. Fuimos creados con una necesidad inherente de los unos por los otros, ya sea para satisfacer las necesidades utilitarias cotidianas o para llenar la necesidad personal de la intimidad. No podemos prosperar, debido a una cuestión de diseño, si evitamos los problemas. Estos deben resolverse mediante la aplicación generosa de un lubricante milagroso.

El carácter.

UNA VENTANA EN NUESTRO CARÁCTER

No existe una medida más precisa de nuestro carácter que la salud de nuestras relaciones. Las relaciones saludables y a largo plazo son la evidencia de la presencia de un carácter fuerte. Las relaciones cargadas de conflicto y a corto plazo son la evidencia de las deficiencias del carácter. Lo mismo se aplica a las relaciones cargadas de conflicto y a largo plazo.

Toda interacción recibe una influencia directa del carácter de los involucrados. No debe sorprendernos, por ende, que por la falta de carácter las relaciones sean las primeras afectadas.

Bill McCartney, el fundador de Cumplidores de Promesas, nos pasó un desafío que él había escuchado y que le penetró en sus defensas con el consecuente desbarajuste de sus métodos de autoevaluación:

> Un predicador invitado vino a nuestra iglesia el verano pasado con un mensaje que desafió en su totalidad mi manera de pensar. Comenzó con esta simple pregunta: «¿Es usted un hombre de carácter?» Sin embargo, lo que me condenó fue la forma en que él definió el carácter. Él dijo: «Cuando usted examina el rostro de la esposa de un hombre, verá exactamente lo que él es como hombre. Lo que él haya invertido o retenido en ella se refleja en su semblante».[3]

McCartney explicó que al darse una vuelta para observar a su esposa, vio a una mujer cansada que lo había dado todo por la carrera de su esposo mientras que a cambio recibía poco. Con un solo vistazo, McCartney observó un reflejo claro de su propio carácter, no lo vio frente a un espejo, sino en los ojos fatigados de su compañera más cercana. En ese instante se percató del poderoso papel que desempeña el carácter en nuestras relaciones.

A medida que nos adherimos a la norma absoluta de Dios del bien y del mal, se nos dirige para que nos enfoquemos en las necesidades de los demás en lugar de en las nuestras. Enfrentemos esto: el carácter de Dios se orienta a los *otros*. Recuerde, él es quien «no escatimó ni a su propio Hijo, sino que lo entregó por todos nosotros» (Romanos 8:32).

La búsqueda del carácter implica preocuparnos genuinamente

por las personas que nos rodean. Requiere que les sirvamos, no importa lo que nos cueste personalmente. Y cuando asumimos la responsabilidad de velar por los intereses de quienes nos rodean, esto tiene un efecto lubricante en nuestras interacciones.

El efecto cumulativo del carácter

Una persona que posee carácter tiene un impacto en todos los que componen su círculo de influencia. Los hombres y las mujeres de carácter poseen autoridad moral. Cuando tú estás con personas que han demostrado ser competentes en las áreas de la integridad y la preocupación por los demás, te sientes seguro. Bajas la guardia. Tal vez sientas atracción hacia ellas. Por instinto, tal vez hasta empieces a imitar su enfoque de la vida y su manera de resolver los problemas. Sin estar consciente de ello, tú adoptas algunos de sus normas y voluntariamente sigues a ese tipo de personas. Su carácter es contagioso.

Hablo de un hombre o de una mujer que se aleja cuando alguien comienza a contarle un chisme jugoso. Es ese amigo, uno en un millón, que en tu ausencia nunca dice nada negativo sobre ti. Es el individuo que rápidamente reconoce sus errores en lugar de culpar a los demás. Es la mujer que de manera inmediata le da el mérito a la persona que dio origen a una idea en vez de tomar el crédito para sí misma. Es el esposo que en público solo tiene cosas positivas que decir sobre su mujer. Es la esposa que le permite a su esposo llevar la batuta cuando todo el mundo sabe que ella es más hábil en esa área que su esposo.

Hay algo atractivo en este tipo de personas. Descubrimos que queremos ser como ellas. Disfrutamos de su compañía. Las relaciones con estas personas se entablan con facilidad.

De igual manera, la ausencia de carácter provoca su propia reacción en cadena. Cuando tus conocidos tienen la reputación de comprometer su integridad para evitar una pérdida personal, no solo pierden tu respeto sino también destruyen tu confianza en ellos. Siempre existe una duda interna asociada a la relación. Queda una sensación de desconfianza y enigma en torno a estas personas. Tú sabes que si están dispuestas a mentirle a un desconocido, un cliente o un socio, pueden mentirte a ti también. Si hacen trampa en un aspecto de la vida, es posible que todo y todos corran el riesgo de que lo engañen. Con estas personas hay que montar guardia en cada encuentro. Tú nunca sabes cuándo serás su siguiente víctima.

Piensa cómo te sientes cuando alguien te cuenta un chisme jugoso. Por un lado, te sientes halagado porque esa persona te ha hecho parte del círculo interno de individuos que conocen la novedad. Por otro lado, esto genera sospecha. Si él o ella habla de otras personas en su ausencia, ¿qué dice de *ti* cuando no estás presente?

Estas son algunas de nuestras reacciones ante el carácter de otras personas. Al mismo tiempo, los demás también reaccionan ante nuestro carácter. Al reunirse, las dos fuerzas tejen un complejo tapiz de dinámica relacional. La integridad de una persona puede ejercer una influencia positiva. Otra persona puede producir hostilidad. Algunos hemos resultado dañados y así nos consagramos para autoprotegernos. Otros deambulan ingenuamente por la vida. Por lo tanto, al mezclarse nuestra integridad con la de otras personas, multiplicamos el efecto del carácter en nuestras relaciones.

Solo observe su vecindario, oficina o familia. No se necesita observar mucho para reconocer que la norma de Dios para el carácter se diseñó para preservar las relaciones. Aquellos que lo cumplen, con o sin intención, recibirán su recompensa de manera relacional. Aquellos que no lo cumplen, ya sea por soberbia o ignorancia, perderán el gozo de las relaciones auténticas.

Donde hay carácter, hay compatibilidad.

Donde no hay carácter, hay conflicto.

Un vistazo a cuatro relaciones vitales

A lo largo de tu vida tendrás algunas relaciones perpetuas; otras únicamente serán encuentros breves. Algunas relaciones son por naturaleza competitivas, mientras que otras son inherentemente edificantes. Habrá amistades íntimas así como relaciones casuales con conocidos. Sin embargo, en lo referente al análisis de los efectos del carácter, hay cuatro relaciones primarias que deben considerarse.

Nuestra relación con Dios

En el instante en que, con todo entendimiento, comprometemos nuestro carácter, ocurre un cambio en nuestro interior. En ese momento nos percatamos agudamente de la disparidad entre la norma de Dios y la que vivimos. Crece en nosotros la agitada sensación de que somos indignos, y nos sentimos lejos de él. A este sentimiento le llamamos *culpa*.

Al sentirnos distanciados de Dios, tendemos a evitarlo. Por lo tanto, nos alejamos más y el sentimiento de distanciamiento incrementa. En un momento dado, le damos cabida a la idea de que Dios nunca nos volverá a aceptar. Esto solo hace que lo evitemos aun más. Irónicamente, comenzamos a tratar a Dios con las mismas técnicas para evitarlo que usamos con otras personas. En lugar de enfrentar nuestro conflicto, lo evitamos. Seguimos nuestras vidas (y a menudo, nuestro pecado) como si él no estuviera ahí.

Quizá hasta intentemos razonar nuestra conducta. Tal vez vayamos tan lejos como para volver a crear a Dios según la imagen que queramos. Después de todo, si el Dios real no nos acepta tal como somos, ¿por qué no crear una visión de Dios que sí nos acepte? Por supuesto, eso no resuelve nada. Solamente empeora las cosas.

Evitar la búsqueda del carácter es arriesgar el andar con Dios. Si para ti el desarrollo del carácter no es una búsqueda intencional, no

debe sorprenderte que Dios parezca estar tan distante y desinteresado en ti. Nota que dije «parezca». Dios *nunca* está desinteresado en
ti. Él tampoco está distante. Pero cuando nuestros propósitos y
prioridades no se encuentran alineados a los suyos, la relación sufre. El propósito de Dios para tu vida es lograr la conformidad de
tu carácter con el de su Hijo, eso es lo que él hace en tu interior. A
medida que comiences a enfocarte en esa prioridad, estarás cada
vez más consciente de la presencia y el poder de Dios en tu vida.

Nuestra relación con nosotros mismos

El carácter también afecta otra relación importante: nuestra relación con nosotros mismos. Para algunos, esto es un pensamiento
peculiar. Normalmente, una relación requiere de dos partes. Sin
embargo, la propia imagen constituye una de las relaciones más importantes en la vida. Es un prerrequisito para las demás relaciones
humanas. La forma en que nos vemos a nosotros mismos determina cómo vamos a relacionarnos con Dios, la familia, los seres ama-
dos y hasta aquellos a quienes consideramos nuestros enemigos.

La ausencia del carácter puede tener una variedad de efectos en
uno mismo, lo cual depende de cada persona. Si el carácter es cues-
tionable, la mayoría de las personas experimenta alguna especie de
culpa. En algunos casos, se debe a que establecieron, al menos,
normas arbitrarios de integridad y decencia. La culpa es simplemente un producto secundario de la incapacidad de cumplir las
propias normas. Como si se tratara de dos personas en un solo cuerpo, de alguna manera una parte siente que ha defraudado a la otra
parte. Se siente indigna y no confiable. El resultado es una baja
autoestima.

Las normas de Dios están escritas en nuestros corazones (ver Romanos 2:14-16), aunque no hayamos establecido ninguna norma
personal. Si no logramos cumplir sus normas, en cierto grado nos
sentiremos fracasados.

Además, siempre debemos lidiar con las consecuencias de nuestras deficiencias de carácter. Cuando tomamos malas decisiones, los efectos secundarios pueden ser devastadores. Muchos conflictos no surgen por causa de factores inevitables sino por nuestras propias elecciones imprudentes. Conscientes de nuestra colaboración en nuestros problemas, la autoestima vuelve a golpearse. Es difícil aceptar al enemigo y, cuando actuamos como nuestro propio enemigo, es mucho más difícil aceptarnos a nosotros mismos.

Las personas infelices consigo mismas siempre encuentran algo en quienes las rodean que las hacen infelices. En general, los que están más cerca de nosotros, esposo, esposa, hijos, son los blancos primarios. Irónicamente, cuando menos contentos estamos con el estado de nuestro propio carácter es cuando detectamos, con mayor rapidez, los errores de los demás. Es la naturaleza humana que nos lleva a reflejar nuestro disgusto con nosotros mismos en nuestras actitudes hacia quienes nos rodean.

Por contraste, cuando nuestro carácter marcha a todo vapor, disfrutamos de una limpia consciencia. Sin considerar las dificultades que enfrentemos, podemos descansar en el conocimiento de que hemos honrado la norma absoluta de Dios del bien y del mal a pesar de lo que nos haya costado. Hemos cumplido nuestra parte. Como resultado, las dificultades no son el castigo de elecciones imprudentes sino simplemente el precio valiente que una persona con carácter debe pagar. En lugar de sentirnos como fracasados y culpables, nos sentimos como vencedores y victoriosos.

Nuestras relaciones con los demás

Esta categoría incluye a todos, desde el cónyuge y los miembros de nuestra familia hasta los socios de negocios y los desconocidos que vemos en la calle. Ya hemos hablado del impacto del carácter en estas relaciones. Sin embargo, lo que no hemos visto aún es la fuente de casi todos los conflictos interrelacionales: las expectativas insatisfechas.

Vivimos en un mundo donde el compromiso es el principio imperante. Quizá tú creas que no nos debe sorprender que alguien nos haga algo malo. No obstante, sí nos sorprendemos. Podemos aceptar la noción general de que el mundo está lleno de maldad. Pero, de alguna manera, nunca dejamos de sorprendernos cuando alguien *nos* trata injustamente. ¡Qué audacia! Merecemos un mejor trato.

Una de las razones por las que respondemos de esa manera es que funcionamos desde la perspectiva de nuestras expectativas. Si demostramos una medida razonable de carácter en el trabajo, esperamos a cambio una determinada respuesta. Igualmente, tenemos expectativas para con nuestros familiares, amigos y hasta las personas que no conocemos. Algunas expectativas se basan en las experiencias pasadas. Otras pueden basarse en lo que nos han dicho. Sin embargo, a medida que danzamos por la vida con nuestro delicado sistema de expectativas, simplemente andamos suplicando que las destrocen. Construimos tiendas de artículos de porcelana para un mundo lleno de toros, y nos toma por sorpresa que el vidrio comience a quebrarse.

Cada cual carga su conjunto personal de expectativas. Tristemente, cuando nos relacionarnos los unos con los otros, es imposible que todos salgamos ilesos. Es como tratar de meter a dos pistoleros en un pequeño pueblo del oeste, simplemente no hay suficiente espacio para ambos. Tarde o temprano, alguien saldrá herido.

En la base de nuestras expectativas yace un motivo egocéntrico: accedemos a ser personas íntegras siempre y cuando recibamos a cambio un trato razonable. Esta pequeña calificación convierte el asunto de las expectativas insatisfechas en un tema del carácter. Larry Crabb llega al corazón del asunto:

El obstáculo más grande para edificar buenas relaciones es el egocentrismo justificado, el egoísmo que en lo más profundo de nuestra alma se siente completamente razonable y, por lo tanto, aceptable a la luz de cómo nos han tratado.[4]

El carácter no se trata solamente de *someterse* a las normas de Dios del bien y del mal; también significa *entregarle* a Dios nuestras expectativas de los demás. No estamos dispuestos a sufrir el precio personal si este incluye que los demás nos hagan daño. Pero si no aplicamos la gracia de Dios a aquellos que nos hacen mal, no cumplimos con su norma. El carácter tiene que ver con amar a nuestro prójimo como a nosotros mismos, aunque no nos correspondan de igual manera.

Por supuesto, es más fácil decirlo que hacerlo. Pero si el carácter se convierte en un blanco verdadero y si transformarse en un hombre o una mujer de carácter se vuelve la ambición de tu vida, verás que el maltrato de los demás en lugar de ser una contrariedad es una oportunidad para demostrar el carácter. Una vez que tú le dejes las expectativas a Dios, descubrirás que es menos probable que los que te rodean te hagan sentir defraudado. Si esto es cierto, te será más fácil resistirte a la urgencia de alejarte de quienes te hieren. Incluso, te será más fácil resistirte a la venganza.

Si genuinamente confiáramos en Dios para que hiciera justicia cuando los demás nos tratan mal, no gastaríamos nuestra energía emocional en pensamientos vengativos. Si dependiéramos de Dios para satisfacer nuestras necesidades, no nos decepcionaríamos cuando los demás nos fallan. En pocas palabras, si tuviéramos la voluntad para hacer lo correcto sin considerar el costo personal, entonces experimentaríamos las recompensas del carácter en nuestras relaciones. Aprenderíamos la antigua lección de que hay mucho que ganar de cada relación, ya sea con un amigo o con un enemigo.

Nuestras relaciones con la comunidad

El impacto de nuestra interacción con los demás no se limita a las relaciones personales. Este tiene un efecto expansivo en todas las relaciones dentro de nuestra comunidad. En un momento dado nuestro carácter se revela en la dinámica de nuestros hogares, ambiente laboral, iglesia y cada ámbito en el que nos involucramos.

La integridad colectiva de un grupo de personas determina el éxito o el fracaso de esa comunidad. Para que nuestras comunidades sean funcionales, los individuos que las conforman deben ser funcionales. El carácter piadoso no solo debe estar presente, sino que también debe ser predominante. Esta es la norma básica del principio del dominio propio.

El principio del dominio propio se basa en la premisa de que cuando una persona o entidad no puede gobernarse a sí misma internamente, en un momento dado la gobernarán las fuerzas externas. Cuando un niño no puede obedecer las reglas del hogar, el padre se levanta y ejerce el control. De igual manera, cuando un adulto no puede controlarse a sí mismo según las reglas establecidas, se hacen presentes las autoridades correspondientes. A una escala mayor, cuando los países no pueden gobernarse a sí mismos eficientemente, se vuelven terrenos fértiles para revoluciones, golpes de estado o invasiones hostiles de otras naciones. Sin importar el tamaño o el tipo de comunidad, la clave de su éxito es el carácter de sus individuos.

Los dos frentes en los que regularmente veo la aplicación de este principio son el hogar y la iglesia local. *Las deficiencias del carácter son el núcleo de cada hogar dividido o cada iglesia dividida.* Siempre que haya dos personas reunidas habrá conflicto, tensión, fricción. Pero eso, en sí mismo, no es el problema. En la mayoría de los casos esas situaciones son saludables y normales. Después de todo, lo mismo podría decirse del motor de su vehículo. Cuando hay fricción sin lubricante, se desarrollarán problemas. Donde no hay aceite hay crisis. Cuando los hombres y las mujeres se reúnen en familia o como iglesia, siempre habrá diferencias; pero los hombres y las mujeres de carácter siempre pueden hallar la manera de lidiar con esas diferencias sin causar división.

Siempre hay una forma de manejar las diferencias y mostrar respeto a todos los involucrados. Sin embargo, esto presume la adhesión a una norma que valore el respeto. Esto presume que ambas partes se comprometan a hacer lo correcto sin considerar el costo personal. Lidiar exitosamente con las diferencias y hasta el conflicto requiere que todas las partes le den prioridad a la integridad, la honestidad y la justicia, en otras palabras, al carácter.

Los hombres y las mujeres que buscan el carácter saben que el conflicto es simplemente otra oportunidad, por lo que se enfrentan a él desde esa perspectiva. A su juicio, siempre hay una opción en la que ambas partes ganan, si es que estas le dan prioridad al requisito de hacer lo correcto.

EL COMPROMISO EN CUANTO AL CARÁCTER

Estos principios son infalibles porque fluyen de la naturaleza de nuestro infalible e inmutable Padre celestial. La habilidad del hombre de entenderse a sí mismo está limitada a la capacidad de su propia mente. Con agobiante frecuencia nuestros problemas cotidianos sobrepasan las habilidades para resolver los problemas. Y cuando fracasamos en nuestros esfuerzos, a menudo nos sentimos frustrados, confundidos o simplemente exhaustos.

Tarde o temprano debemos concluir que somos incapaces de enfrentar la vida por nuestra cuenta y que debemos depender de nuestros propios métodos. No tenemos lo necesario para lograrlo. De la misma manera que no se puede esperar que un recién nacido sea capaz de afrontar los desafíos de la vida en la ciudad de Nueva York, el hombre no puede sobrevivir a las pruebas de la vida por su cuenta.

Las instrucciones que Dios nos ha dado son esenciales para nuestra sobrevivencia. Sin las virtudes piadosas, causamos un daño inmediato a nuestra propia imagen. Sin integridad, rápidamente nos destruimos los unos a los otros. Sin carácter, infligimos males a nuestra comunidad. La piedra angular de toda la estructura social es la condición del «yo» de cada persona. Con tan solo adherirnos a la creencia de una norma absoluta del bien y del mal, podemos comenzar a revertir la invasión sutil del conflicto en nuestras relaciones. Si simplemente nos comprometemos a hacer lo correcto sin importar el costo personal, nuestras relaciones prosperarán.

Ted y Margaret Cook saben que esto es un hecho. El 17 de septiembre de 1996, esta feliz pareja celebró su septuagésimo quinto aniversario. Cuando se les preguntó cuál era el secreto de su éxito matrimonial, Ted contestó: «Si haces lo correcto, puedes llevarte bien. En todo este tiempo, he tratado de hacer lo correcto». Cuando le preguntaron si esto incluía regalar flores y dulces en el Día de San Valentín, Margaret respondió: «Nada de eso es importante. Lo que a mí me gustó es que él fuera bueno y amable para conmigo».

Margaret no es la única persona a quien le gusta eso. A todos nos gusta. El carácter tiene que ver con hacer lo correcto. Las relaciones se tratan de llevarse bien con los demás. Y, en las palabras de Ted Cook, «Si haces lo correcto, puedes llevarte bien». Al hacer lo correcto, creamos oportunidades para que nuestro Padre celestial lleve nuestras relaciones desde donde ahora están hacia donde él sabe que deben estar.

Capítulo cuatro

LA PROMESA
DEL CARÁCTER

*Lo que reposa detrás y al frente de nosotros son pequeños
detalles en comparación a lo que reposa dentro de nosotros.*

RALPH WALDO EMERSON

En el borde de un mirador rocoso de las colinas al pie de las montañas Apalaches sobresale un sempiterno árbol de 200 años. A primera vista la escena parece una fotografía tomada durante una tormenta turbulenta. Encorvado por los fuertes vientos que durante dos siglos han soplado contra la empinada colina, el grueso y torcido tronco se inclina hacia un lado. Sus pesadas ramas se extienden hacia la cima de la montaña.

Los botánicos llaman a este fenómeno el «efecto de Krummholz». Los constantes vientos que azotan en una sola dirección han dejado al árbol congelado en esa postura zozobrosa. Como si fuera un bonsai japonés agrandado, el árbol parece estar medio muerto en la colina. Solo el suave y dorado brillo del sol de la tarde y la juguetona crispación de sus delicadas agujas revelan que el viejo árbol sobrevive en paz.

A lo largo de los años el árbol ha desafiado fuertes nevadas, granizadas y los constantes vientos occidentales que se elevan desde el piso del valle. Desde su vulnerable vista de los interminables valles y colinas, el árbol ha experimentado condiciones que habrían partido en dos a la mayoría de los árboles. No obstante, este árbol se yergue en su soledad al borde de un vasto paisaje.

Por fuera se ve rendido y a punto de venirse abajo. Pero un vistazo a su interior nos cuenta la verdadera historia. Sus profundas raíces llegan a la rica tierra de la montaña y de continuo producen una provisión de nutritiva savia. Por su posición y a pesar de que las ramas están muy torcidas, absorben sin incidentes la fuerza de los golpes de la naturaleza. Cada año el viejo árbol produce agujas u hojas verdes con mucho crecimiento y abundantes conos fértiles.

¿Cuál es el secreto? ¿Cómo puede enfrentar una oposición tan implacable y sobrevivir a ella? La respuesta yace bajo la superficie. Durante dos siglos los elementos han lanzado sus ataques contra el viejo árbol. Sin embargo, mientras las tempestades rugían en el exterior, el árbol silenciosamente desarrollaba un sistema de soporte interno para su mantenimiento. Cada ráfaga de viento hacía que las raíces se afianzaran a mayor profundidad en la tierra, con lo que expandía su tenaz asidero a la montaña. Año tras año el peso del hielo y la nieve provocaba que las esforzadas ramas se hicieran más gruesas y fuertes. Por fuera podía ser una rareza, pero por dentro es un cuadro de la salud.

Todos nosotros, como los árboles, estamos sujetos a los tormentosos elementos de la vida. Cuando vienen las tormentas, o nos quebramos o nos fortalecemos. Lo que hace la diferencia no es la fiereza de la tormenta sino la profundidad de nuestro carácter. El resultado depende de la condición de nuestro yo interno. Así como el viejo árbol, necesitamos un sistema capaz de mantenernos y nutrirnos en medio de los implacables ciclos de la vida.

El carácter piadoso es un sistema que mantiene y nutre nuestro yo interno. Nos capacita no solo para sobrevivir a las tormentas de la vida, sino también para prosperar. Podríamos seguir hablando de los beneficios tangibles y observables del carácter, pero, además de esas ventajas externas, el carácter le agrega un valor inmensurable a nuestra vida de dos maneras internas: *intimidad espiritual* y *resistencia emocional.*

Aunque en las Escrituras se hace referencia a ambos beneficios, quizá el Salmo 15 es el pasaje que mejor los resume. En cinco versículos cortos, este Salmo describe a una persona de carácter:

¿Quién, Señor, puede habitar en tu santuario?
    ¿Quién puede vivir en tu santo monte?
Sólo el de conducta intachable,
    que practica la justicia
y de corazón dice la verdad;
    que no calumnia con la lengua,
que no le hace mal a su prójimo
    ni le acarrea desgracias a su vecino;
que desprecia al que Dios reprueba,
    pero honra al que teme al Señor;
que cumple lo prometido
    aunque salga perjudicado;
que presta dinero sin ánimo de lucro,
    y no acepta sobornos que afecten al inocente.
El que así actúa no caerá jamás.

INTIMIDAD ESPIRITUAL:
LA SENDA INTERNA CON DIOS

Existe una correlación entre la rectitud personal, es decir, nuestro carácter, y la capacidad de conocer a Dios íntimamente. El salmista promete que la persona que busque el carácter obtendrá el privilegio de experimentar una relación especial con el Padre. El Salmo

15 describe la diferencia entre los que conocen a Dios a la distancia y los que lo conocen íntimamente.

Puede ser que tú no te percibas como una persona que anhela conocer a Dios. Utilizar el término *intimidad* para describir la relación de una persona con Dios podría, incluso, parecerte extraño y evocar la imagen de alguien que pasa todo el día en oración o entregado a un estado catatónico de profunda meditación espiritual.

Sin embargo, existe la posibilidad de que en ti haya algo que en ocasiones te haga anhelar el privilegio de tener intimidad con tu Padre celestial. Si alguna vez has enfrentado una crisis y has querido preguntar: «¿Por qué, Señor?» entonces tú has anhelado esa intimidad. Si alguna vez has orado y pedido paz y perspectiva durante un tiempo de incertidumbre, has deseado esa intimidad. Si alguna vez te has sentido asustado o solo y simplemente has necesitado consuelo, tú has deseado los beneficios que vienen de conocer mejor a Dios. Todos hemos tenido momentos en nuestra vida en que tan solo una palabra, una comprensión, la seguridad de que él estaba ahí, haría toda la diferencia en el mundo. Hay una parte de tu ser que anhela la intimidad con Dios. Tú deseas una senda interna.

Este deseo es más fuerte cuando enfrentamos esas preguntas inevitables, incontestables y perplejas que forman parte de nuestra vida. El anhelo de saber preparar el camino para que lo conozcamos a él. Buscar respuestas a nuestras frecuentes preguntas no dichas y más profundas, a menudo es el catalizador para buscarlo a él.

El salmista pregunta: «¿Quién, Señor, puede habitar en tu santuario? ¿Quién puede vivir en tu santo monte?» La pregunta presume que vale la pena buscar esas dos cosas.

Sin embargo, ninguna de ellas parece atractiva.

¿Quién desea vivir en un templo, en un monasterio o en una solitaria montaña?

Los que formaban parte de la cultura del salmista sabían que el término *santuario* se refería al tabernáculo, o tienda, donde Dios habitaba. El «santo monte» era la colina en Jerusalén, donde el templo permanente se construiría en un momento dado. Tener acceso a esos lugares significaba tener acceso a Dios.

Aquellos israelitas visualizaban al Dios que habitaba en el Arca del Pacto, dentro del tabernáculo. Según su manera de pensar, donde estuviera el Arca, ahí estaba Dios. Mientras más cerca tú estuvieras del Arca y de la tienda, más cerca estarías de Dios. Mientras más lejos estuvieras del Arca, más lejos estarías de Dios. Ellos creían en esto tan profundamente que se llevaron el Arca del Pacto a la batalla. ¿Y quién haría lo contrario?

Así que al leer las preguntas del salmista, saturadas de la antigua cultura judía, y si las traduces a nuestro idioma, el pasaje hace y contesta una de las preguntas más relevantes que nos podamos imaginar: *¿Quién puede lograr una senda interna con Dios?* Esto implica que la intimidad con Dios es una posibilidad real.

El Salmo 15 nos aclara que ese privilegio está reservado para los hombres y las mujeres de carácter. Veamos nuevamente la descripción:

- Su conducta es intachable.
- Hacen lo correcto.
- Dicen la verdad.
- No calumnian.
- No tratan mal a las personas.
- Están con quienes hacen lo correcto.
- Cumplen su palabra.
- Prestan dinero a quienes lo necesitan sin cobrarles intereses.
- No se aprovechan de las personas para obtener ganancias económicas.

Evidentemente, el carácter prepara el camino para la intimidad con Dios.

En un primer momento esta idea puede parecer un tanto pretenciosa y hasta no cristiana. Pero no es así. En las Escrituras se describe a Dios como alguien que tiene personalidad. Una y otra vez lo vemos relacionándose con la humanidad de la misma manera que nosotros nos relacionamos los unos con los otros. En efecto, las reglas que dominan las relaciones humanas son muy similares a las reglas que dominan nuestra relación con el Padre.

Existen tres elementos que siempre están presentes en una relación sana:

1. Respeto
2. Confianza
3. Comunicación

Una relación de calidad con alguien, con cualquier persona, requiere los tres elementos. Lo mismo se aplica a tu relación con Dios. Cuando reconocemos que la norma de Dios es *la* norma, demostramos respeto. Cuando nos comprometemos a seguir la norma de Dios sin considerar lo que nos cueste, confiamos en él. Cuando tratamos de entender su norma a conciencia y cuando vamos en contra de nuestra incapacidad de vivir su norma coherentemente, nos comunicamos con él.

La búsqueda del carácter inevitablemente se convierte en la búsqueda de Dios.

Ponerse en los zapatos del otro

Colócate en el lugar de otra persona. Tal vez conozcas a alguien que intentó relacionarse contigo por motivos equivocados. Al acercarte a esa persona, te percataste de que él o ella tenía intereses ocultos. ¿Recuerdas cómo te sentiste?

¿Cómo respondes, en tu interior, a ese tipo de personas? ¿Te abres y te vuelves más transparente? Por supuesto que no. Te vuelves precavido. Sospechas de sus acciones y motivos. Repasas las conversaciones pasadas y piensas: *Ah... por eso es que me dijo aquello.*

Piensa durante un minuto. Si tu relación con Dios se enfoca principalmente en obtener algo de él, ¿qué dice esto de tu relación? Tú no te acercas a él bajo unos términos que justifiquen una relación de intimidad.

Sin embargo, Dios escucha nuestras oraciones egocéntricas. En ocasiones nos concede nuestras peticiones. Pero mientras lo veamos solo como un medio para lograr nuestros fines, nunca experimentaremos intimidad con él. Nunca llegaremos a conocerlo porque esa profundidad única en una relación está reservada para quienes lo respetan, confían en él y están dispuestos a comunicarse con él con toda honestidad. Esa relación no le corresponde a aquel que no lo honra y que lo trata como si fuera una máquina dispensadora.

Existe una correlación entre tu santidad personal y tu intimidad con Dios. Existe una relación directa entre tu disposición para obedecer a Dios y su disposición para revelarse a ti. Este es *el* beneficio primario del carácter. El carácter produce un sentido pronunciado de intimidad con Dios, una intimidad disponible solamente a través de la búsqueda del carácter de Cristo.

Sus amigos más cercanos

Durante el ministerio de Jesús en la tierra, él modeló esta relación de causa y efecto. Reservó un nivel de intimidad para un grupo selecto, aquellos que lo habían dejado todo para seguirlo. Eran aquellos que lo respetaban, confiaban en él y permanecían en constante comunicación con él. No, los doce apóstoles no eran perfectos. No obstante, ellos dejaron sus negocios, sus familias y su reputación para procurar una relación con Jesús, quien era su prioridad.

Encontramos más evidencia de esto en un incidente que

ocurrió inmediatamente después de que Jesús refiriera una parábola. El significado de esas historias no siempre eran claro, y aparentemente eso comenzó a molestar a los discípulos. En cierta ocasión los discípulos apartaron a Jesús y le preguntaron por qué no era más directo con su audiencia. Él les dijo: «A ustedes se les ha concedido conocer los secretos del reino de los cielos; pero a ellos no» (Mateo 13:11).

Jesús le estaba sugiriendo a los discípulos que siempre habría personas al margen de una relación. Siempre habría espectadores curiosos con un interés distante en Jesús. Sin embargo, había revelaciones especiales reservadas solo para los que formaban parte de su círculo interno. ¿Amaba Jesús a las multitudes? Sí. Él murió por ellas así como por los doce. Pero las multitudes no conocían a Jesús como los doce. Él escogió revelarse ante ellos a un nivel más profundo.

Más tarde, Jesús los apartó y les explicó el significado de cada parábola. A sus amigos especiales se les había «concedido conocer los secretos del reino de los cielos». Su particular llamado y sacrificio los capacitaba para disfrutar de un nivel más profundo de intimidad con el Salvador que el que disfrutaban las masas.

Dios envió un mensaje similar a los israelitas a través del profeta Jeremías: «Me buscarán y me encontrarán, cuando me busquen de todo corazón» (Jeremías 29:13).

Un verano, al atardecer, me fui solo a caminar por la playa. La marea había bajado y daba la sensación de que la playa era interminable. Los únicos sonidos que podía escuchar eran los ocasionales graznidos de las gaviotas y las distantes risas de unos niños jugando. Mientras caminaba, sentí que el aire estaba estático. Recuerdo haber pensado en lo extraño que me resultaba que no hubiera ni siquiera una brisa. Luego de caminar cerca de un kilómetro y medio, me volví para emprender el camino de regreso al hotel.

Y cuando lo hice, ocurrió algo extraño.

De repente, de la nada, había brisa. No la sentí mucho, pero la escuché como un silbido en mi oído. ¿De dónde había salido? Había estado ahí todo el tiempo, solo que no me había percatado de ella. Durante ese rato en que la brisa caía sobre mi espalda, no la escuché ni la sentí. Pero tan pronto me volví al lado contrario, de inmediato mis oídos sintieron su presencia.

Lo mismo ocurre con Dios. Cuando le damos la espalda, debido a que procuramos nuestros intereses y deseos y vivimos la vida de la manera como pensamos que debe vivirse, estamos menos conscientes de su presencia. Él está ahí, pero nosotros no nos percatamos de ello. Una vez que comenzamos a darle prioridad a nuestras vidas en torno a sus valores y principios, es como si él reviviera ante nosotros. Surge un sentido pronunciado de la realidad de Dios. Pero, repito, ese sentido de su presencia está reservado para aquellos que se vuelven hacia su dirección.

RESISTENCIA EMOCIONAL: LIBRADOS EN MEDIO DE LAS TORMENTAS

El segundo beneficio interno de ser un hombre o una mujer de carácter se encuentra al final del Salmo 15. Después de describir detalladamente a la persona de carácter, el salmista concluye: «El que así actúa no caerá jamás».

Ahora bien, tú no experimentas este beneficio de inmediato. Es una de esas cosas que vienen tras semanas, meses o hasta años de invertir en el carácter de uno. Es el resultado de la adopción de un estilo de vida. El cuadro que el salmista pinta es el de dos árboles en una tormenta. Aunque la misma tormenta azota a ambos árboles con la misma fuerza, un árbol se destruye mientras que el otro queda en pie.

Lo mismo ocurre con los hombres y las mujeres de carácter. Aunque no se libren de las tormentas de la vida, se libran *mediante* ellas. Sus raíces se profundizan. Su fe es fuerte. Su voluntad no titubea.

Su búsqueda de la semejanza de Cristo les brinda el privilegio único de poder decirle a Dios: «Dios, solo hago lo que me pediste que hiciera. Me has metido en este camino. De ti depende que transite por él». Deliberada y sinceramente, ellos depositan su más profunda e íntima ansiedad sobre Dios y viven con la confianza de que él cuidará de ellos (ver 1 Pedro 5:7).

En el mundo no existe un lugar más seguro que el centro de la voluntad de Dios. En efecto, es la única seguridad que existe. Buscar una vida de carácter, por lo tanto, es prepararse para las tormentas de la vida. Recuerde: «El que así actúa no caerá jamás».

¿Cuál es la razón por la que los hombres y las mujeres de carácter no caen jamás? ¿Cuál es su secreto? Simplemente este: ellos entienden que navegar las tormentas de la vida no es su responsabilidad.

Quizá en este momento todo marche bien en tu vida, o tal vez estés recogiendo los escombros que ha dejado una tormenta. Es posible que no veas ninguna razón verdadera para comprometerte de inmediato en este proceso. Pero da por sentado que hay tormentas en el horizonte. Así es la vida. La mejor manera de prepararte es iniciar el desarrollo de la intimidad con Dios.

Irónicamente, si perdemos este proceso, la peor tragedia no es el desmoronamiento de tu matrimonio ni el fracaso laboral. Ni permanecer solo durante el resto de tu vida. Por muy trágicas que sean esas circunstancias, la peor tragedia que resulta del rechazo de la búsqueda del carácter de Cristo es *perder tu experiencia con Dios.*

Él estará ahí, a tus espaldas, pero tú te lo perderás.

Sí, existe un precio que pagar para convertirse en una persona de carácter. No obstante, ese precio no es tan alto como el que se paga al seguir las pautas de este mundo perdido.

Descuidar tu carácter significa perder la seguridad de la presencia de Dios en las tormentas de la vida.

El carácter prepara el camino para la intimidad con Dios. Conocerlo es confiar en él. Confiar en él es vivir con la confianza de que él no te permitirá caer. Esta es la promesa fundamental del carácter. Es la promesa de la presencia de Dios, una presencia que tú no te puedes perder.

Capítulo cinco

UNA TAREA INTERNA

Que el hombre interno y el hombre externo sean uno solo.

SÓCRATES

Una capa de nubes espesas se apreciaba sobre el aeropuerto. Arriba, en algún punto de la densa neblina, un 757 completamente cargado ladeó hacia la derecha y comenzó a acercarse a la pista de aterrizaje 24R. Los pilotos no podían ver nada. Ansioso, el capitán examinó el tablero de navegación al tiempo que el avión perdía gradualmente su valiosa altitud. Sus húmedas palmas apretaban el timón mientras guiaba la aeronave por el curso prescrito. Su única fuente de guía era un radiofaro del aeropuerto que emitía una constante señal para indicar su posición. Sin ella, habrían estado perdidos.

El joven copiloto vio el altímetro y revisó su descenso. Ochocientos metros… setecientos… seiscientos… Una y otra vez, el copiloto examinaba los instrumentos de medición, revisaba la velocidad del aire, la proporción de descenso, la ruta y la inclinación de planeo. Entonces, volvía a iniciar el proceso. Ansiaba ver por la ventana un cielo despejado de nubes y la tierra abajo. Sin embargo, su trabajo le exigía enfocarse en la repetitiva tarea de examinar las lecturas de los instrumentos y revisar la tolerancia.

El vuelo había sido largo. Durante el trayecto encararon fuertes vientos sostenidos en su contra. Luego de más de una hora de volar en círculos sobre el aeropuerto, se había consumido mucho combustible. Las implacables turbulencias habían sacudido el avión durante la mitad del día, por lo que la monotonía comenzaba a desgastar los nervios de la tripulación. Las fuertes lluvias azotaban la nariz de la aeronave. Los limpiaparabrisas mantenían su monótono ritmo: *pom, pom, pom, pom.* La cabina parecía un armario y a medida que aumentaba la intensidad, el espacio parecía achicarse por cada minuto que pasaba.

Aunque no podía ver nada, el capitán mostraba la confianza de un águila que planea hacia su presa con un propósito firme. *Sistema listo de aterrizaje, aterrizaje automático*, anunciaba metódicamente a la tripulación mientras examinaba los datos del vuelo. Los dispositivos de rastreo se acoplaban con la señal del radiofaro. Ahora, solo restaba confiar.

Una vez más el copiloto revisó los instrumentos para detectar alguna desviación de la norma. Como la tierra se aproximaba rápidamente para encontrarse con el avión, el copiloto debía estar listo para abortar de inmediato el aterrizaje. El indicador de la velocidad vertical del aire confirmó su proporción de descenso. Estaban en la inclinación correcta de planeo.

Todo parecía estar bien pero, la tensión del momento impedía *sentirse* bien. Los instintos del copiloto le decían que tendrían que abortar el proceso de aterrizaje. El pronóstico era sombrío y él pensaba que no obtendrían la visibilidad necesaria para aterrizar. Pero, a pesar de lo que sentía, guardó silencio y continuó con los procedimientos de aterrizaje.

En un momento el capitán tendría que tomar una decisión. En el marco de tan solo uno o dos segundos, declararía contacto visual y aterrizaría, o abortaría y empezaría el proceso de reversión del ímpetu descendente del pesado avión.

Ciento cincuenta metros... cien. Las densas nubes aún prevalecían. Con su mano izquierda reposando sobre el regulador, el copiloto rotó su palma hacia la parte trasera del manubrio hasta que sintió los dos botones que, si se apretaban, terminarían el acercamiento e iniciarían un ascenso automático. Su dedo índice temblaba ligeramente mientras lo mantenía listo para actuar. Setenta y cinco metros... cincuenta metros...

De repente, un ruidoso golpazo sacudió el avión al enfrentarse este con una zona de turbulencia. El copiloto tragó en seco. Luego, como una ballena que se sumerge en las tranquilas y seguras profundidades del océano, el inmenso avión descendió de la capa de nubes a un cielo despejado. El aire estaba pacífico y en calma. Instantáneamente, pudieron ver a millas de distancia. Y la pista de aterrizaje 24R, ubicada precisamente en la ruta de su acercamiento, parecía ensancharse a varios kilómetros a la espera de la llegada del avión.

«Lo tengo», anunció el capitán.

El copiloto suspiró profundamente.

UNA VISIÓN NUBLADA

Hay momentos en que a todos se nos dificulta navegar por las turbulencias de la vida. Las circunstancias nos encierran y estrechan nuestra perspectiva. Perdemos nuestra pasión por vivir. Las palabras *propósito* y *destino* no despiertan ninguna emoción. Tal parece que ya no vale la pena luchar por nuestras metas. Nuestro ambiente nos distrae. Y Dios parece estar a un millón de kilómetros de distancia.

Pero en medio de esos momentos oscuros, hay un faro llamando nuestra atención. Hay una señal a la que vale la pena unirse.

Es el faro de la integridad.

Es el susurro de Dios que nos llama a convertirnos en hombres y mujeres de carácter. Es una señal constante que emite el Espíritu dentro de nosotros para recordarnos lo más importante, los asuntos del corazón, el bien y el mal, el amor.

Sin embargo, al igual que el piloto en la tormenta, por naturaleza queremos ver el mundo que nos rodea y tomar los controles. Nos sentimos impulsados a dominar y alterar nuestro curso. Nuestro sentido común nos dice que la búsqueda del carácter es algo grandioso para los días de cielos despejados, pero que las tormentas son un asunto diferente. Las tormentas son la excepción. Cuando la vida se vuelve turbulenta, cada cual se las arregla como puede. En tiempos de crisis, decidimos que la búsqueda del carácter no es siempre lo que más nos conviene.

Pero nada puede estar más lejos de la verdad, ya que ninguna otra cosa pone a prueba, moldea y fortalece nuestro carácter como los períodos de turbulencia. Y, sin embargo, es precisamente durante esos tiempos de dificultades que muchos de nosotros vamos a otro sitio para buscar dirección. Cuando las nubes de las circunstancias nos encierran, tendemos a adherirnos a cualquier cosa que no sean los valores absolutos que Dios nos ha dado como faro para guiarnos al hogar con toda seguridad. Consecuentemente, nos encontramos en un lugar al que nunca quisimos ir.

Todas las semanas converso con personas que dicen cosas como...

«No creo que Dios me ame».

«No creo que Dios realmente se preocupe por mí».

«Dios no responde mis oraciones».

Cuando les pregunto por qué, me hablan de las circunstancias de sus vidas. Me cuentan sobre enfermedades, muerte, divorcio, hijos pródigos, ruina financiera.

De la misma forma que todos estamos propensos a experimentarlo de cuando en cuando, esas personas que sufren buscan a Dios en todos los lugares equivocados. Evalúan la presencia y la preocupación de Dios en la medida en que él satisfaga sus expectativas. Toman sus intereses particulares y miden la fidelidad de Dios basándose en lo bien que él los satisfaga.

Esto funciona bien hasta que Dios los lleva a algún lugar al que nunca pensaron ir. Tan pronto como la adversidad emerge, pareciera que hay una falla en el sistema cuando, en realidad, aún todo está bajo control. El problema no son sus circunstancias sino cómo las personas las interpretan.

Aunque frenéticamente buscamos a Dios en el exterior, siempre lo podemos encontrar en el interior. Ahí es donde él está trabajando arduamente. Ahí es donde él hace su *mejor* trabajo.

Dios, de seguro, se encuentra íntimamente preocupado por nuestras circunstancias. A él no se le escapa ningún detalle y promete satisfacer cada una de las necesidades del creyente. Pero tenemos la tendencia de darle más importancia a las cosas externas de la que Dios jamás se propuso. Su enfoque principal no es lo que se ve sino lo que no se ve. Por esta razón, si queremos obtener una mejor apreciación y comprensión de lo que Dios está haciendo en nuestras vidas, tendremos que ponerle más atención a lo que él está haciendo *dentro* de nosotros.

UN CAMBIO DE VISTA

Le dedicamos lo mejor de nuestro tiempo al mundo externo. La mayor parte de nuestra energía está enfocada en tratar de controlar nuestras circunstancias. No queremos que haya mucho calor ni mucho frío, no queremos ser muy pobres ni muy ricos, muy anticuados ni muy modernos no queremos cosas muy viejas ni muy nuevas. Si se trata de estar políticamente correcto, socialmente correcto o religiosamente correcto, cada uno de nosotros prefiere ser «correcto».

Por desgracia, esto nos deja poco o ningún tiempo para

enfocarnos en nuestra persona interna. Y la tragedia es que mientras permitimos que el mundo externo dicte nuestras actividades, nos estamos perdiendo lo que Dios quiere hacer.

Cuando un aprendiz de piloto practica la lectura de los instrumentos, el instructor a menudo coloca una cortina en las ventanas del avión para enseñarle a enfocarse en los instrumentos. Todos podríamos aprender una lección de ese ejemplo. De vez en cuando todos los cristianos deberíamos colocar una cortina, en el sentido figurado, y practicar enfocarnos en lo que sucede en el interior.

Todos estamos sujetos a enfocarnos en el lugar equivocado. Pero en tanto que tu prioridad en la vida sea obtener cualquier otra cosa menos el carácter de Jesucristo, siempre estarás propenso a buscar a Dios en tus circunstancias. Si lo haces, perderás de vista a Dios, lo malinterpretarás y dudarás de él. Esto no será culpa de Dios porque él estuvo ahí durante todo el tiempo en que te se sentiste de esa manera, Dios está ahí, obrando arduamente. Él tiene un compromiso con su plan y agenda original para tu vida que consiste en trabajar en tu interior y transformarte de adentro para afuera.

Hasta que tú no adoptes este paradigma de la vida espiritual, te será difícil cambiar tu enfoque ahora centrado en lo que ocurre a tu alrededor. Seguirás intentando medir y evaluar el amor de Dios y cuán involucrado está en él en tu vida a partir de las circunstancias. Ignorarás su actividad más significativa: la actividad que realiza en tu interior.

Con frecuencia, cuando los cristianos no logran entender lo que Dios hace en sus vidas, empiezan a separar sus áreas. Para ellos, hay un lado *religioso* de la vida y uno *secular*. El lado religioso incluye todas las situaciones en las cuales se percibe que Dios está interesado o involucrado directamente. Estas incluyen las actividades de la iglesia, las acciones de servicio y favores que se realizan en el nombre de Dios.

Todas las demás actividades se amontonan en la categoría

secular. Incluyen: trabajo, recreación, amistades y familia, solo para nombrar unas cuantas. Lo *secular* se convierte, por lo tanto, en la recogida de todas las cosas, un lugar donde ponemos las partes de nuestras vidas que nosotros determinamos que no son del interés de Dios. En lo que a nosotros respecta, él no quiere acceso a ellas, ni nosotros nos preocupamos por llevarlas delante de él.

Las personas que separan las áreas de su vida le entregan a Dios cierta porción de esta, pero mantienen el control del resto. Cuando se trata de los deberes religiosos, ellas cumplen su parte, como asistir a la iglesia, pero no logran asumir un papel activo para conformar toda su vida a la imagen de Cristo.

No obstante, nuestro Padre celestial está interesado en cada aspecto de nuestras vidas. Él desea transformarnos de adentro para afuera para reflejar el carácter de su Hijo. Pero cuando nosotros separamos nuestras áreas, ya sea consciente o inconscientemente, dejamos a Dios afuera de las porciones esenciales de nuestra vida. Como resultado, *nunca* entenderemos las circunstancias de la vida. Dios parece distante y despreocupado, un creador de un universo que gobierna la suerte y el azar.

En la mayoría de los casos, las personas que aíslan los aspectos de su vida en compartimentos, lo hacen automáticamente. Como en sus circunstancias no pueden ver ninguna evidencia de la presencia de Dios, presumen que él no está ahí. ¿Por qué? Porque están buscando en el lugar equivocado.

Encaremos esto, es mucho más fácil enfocarse en la carrera, la familia y los amigos. Por lo menos, ¡uno puede ver cómo funciona todo eso! Puede ver si hay progreso o si hay algún detalle que necesita atención especial. Pero la vida real se inicia en el interior. Y cada día, si tú eres creyente, Dios está ahí empujando, halando, trabajando para crear algo maravilloso de adentro para afuera.

DIOS, EL INVERSIONISTA CONSUMADO

Este mundo está lleno de personas que sufren. Personas lastimadas por sus familiares, destrozadas por desconocidos y olvidadas por el sistema. Con tantas necesidades legítimas a nuestro alrededor, resulta fácil preguntarnos por qué Dios no hace algo más para resolver nuestros problemas. Pero lo que nuestros ojos humanos a menudo no ven es que mientras batallamos con las aflicciones de este mundo, la ocupación principal de Dios es prepararnos para el mundo que vendrá. El enfoque de lo que Dios está haciendo en tu vida ocurre *dentro* de ti, no *alrededor* de ti. Y esto es así por una buena razón.

Dios es un buen inversionista. Él no desperdiciará su inversión en un cuerpo o en un mundo destinado a perecer. Su dinero está en la parte que durará para siempre, el alma, el espíritu, la persona interna. Sin embargo, los cristianos viramos todo esto al revés. Gastamos nuestro tiempo, energía y recursos en la persona externa y no percibimos a Dios. Es por eso que hay momentos en la vida en que pareciera que él está tan distante. Considera esto. La mayor parte de nuestras oraciones tienen que ver con nuestra salud, riqueza o vida social. Cuando experimentamos un revés o nos sentimos impacientes, decimos: «Dios, ¿en dónde estás?»

Al mismo tiempo, dejamos de orar por las cosas que nos beneficiarán por la eternidad. Si Dios respondiera todas nuestras oraciones, nuestro carácter sufriría. En la mayoría de los casos nuestras oraciones se centran en eliminar precisamente las circunstancias que él utiliza para conformarnos a su imagen.

Todos los días, ansiosos inversionistas escudriñan la bolsa de valores de Wall Street en busca de claves. Además de hacer sus propias investigaciones, un analista cumplido sabe que existen ciertas personas clave que se deben vigilar para determinar si el valor de una acción aumentará o caerá. En ocasiones, un pequeño titubeo puede causar una ráfaga de operaciones. Si existe la sensación de que alguien sabe algo, esto llama la atención de las personas.

En tu vida y en la mía, el Corredor consumado ha hablado. Dios ha comprado un millón de acciones de tu persona interna. Eso debe decirnos algo. La pregunta que debemos hacernos no es «¿Por qué Dios no hace algo?», sino «¿qué está haciendo Dios y cómo puedo involucrarme en eso?» Si la preocupación primaria de Dios es nuestro carácter, eso debe darnos una buena idea acerca de dónde colocar nuestro enfoque.

Después de todo, Dios no sigue una corazonada. Él tiene información confidencial.

DIOS, EL OBRERO DILIGENTE

En las siguientes páginas veremos varias cosas que tú puedes hacer para trabajar junto a Dios en el desarrollo de tu carácter. Sin embargo, primero debes entender lo que Dios ha estado haciendo desde el día en que naciste. Una vez que veas lo que Dios planificó para tu carácter —y por qué— estarás más motivado y mejor equipado para participar en eso.

En ningún lugar se resume mejor esto que en Filipenses 2:12-13:

> Lleven a cabo su salvación con temor y temblor, pues Dios es quien produce en ustedes tanto el querer como el hacer para que se cumpla su buena voluntad.

En este pasaje, el apóstol Pablo destaca un par de aspectos. En primer lugar le dice a sus lectores que Dios está trabajando en su interior. ¡No hay nada más directo que eso! En segundo lugar les dice que ese trabajo se está llevando a cabo *ahora mismo*. El verbo está conjugado en el tiempo presente. Está sucediendo ahora. Sucedía cuando Pablo escribió al respecto, y seguía ocurriendo cuando sus lectores recibieron la carta.

Tal vez algún residente de Filipos le contestó: «Oye, Pablo, ni siquiera me conoces. ¿Cómo sabes lo que Dios está haciendo en mi vida?»

El hecho es que Dios obra en todos los creyentes. Esto te incluye a ti. Está en tiempo presente; es constante. Dios sigue obrando cuando a ti te tientan, cuando caes en la tentación o cuando tú tientas a alguien. Mientras tú estás ocupado en el trabajo, juegas con tus hijos o sueñas con tu novio o novia, Dios está obrando. Él pagó el precio de su inversión y se asegura de que este aumente. Dios no renunciará ni se rendirá. Algún día, él completará su trabajo, y delante de su trono nos presentarán como santos, sin culpa y perfectos.

Recuerdo la primera vez que realmente medité en Filipenses 2:12-13. Me dije a mí mismo: *En realidad no percibo que algo esté ocurriendo en mi interior.* La mayor parte del tiempo no sentimos nada diferente. Experimentamos períodos de sequía espiritual y emocional, y si alguien nos pregunta: «¿Qué está haciendo Dios en tu vida?», mascullamos esta respuesta: «Bueno... nada». Pareciera que Dios no está en acción todo el tiempo. Es posible que tú no estés familiarizado con los caminos del Señor y que, por eso, no puedas ver lo que él está haciendo. Si no estás familiarizado con los caminos de Dios, te resultará difícil reconocer su mano en la obra.

Conozco a una mujer que se llama Helen. Durante muchos años ella trabajó en la industria del aborto. Antes de conocer a Cristo, Helen no pensaba mucho en el tejido fetal que la clínica desechaba a diario. Para ella, era solo eso, tejido. Pero, un día, Helen se hizo creyente. La pareja que la llevó a Cristo le dijo que leyera 2 Corintios 5:17. Le aseguraron que una vez se hiciera cristiana ella sería una nueva criatura en Cristo. Helen tomó esas palabras literalmente, pensaba que se vería diferente. Después de hacer la oración del pecador, se miró en un espejo, pero ahí estaba ella, la misma

Helen. Se sintió decepcionada y se preguntó si su oración habría «funcionado».

A la siguiente mañana, al llegar a su trabajo, fue que se percató del cambio que había ocurrido. Durante años Helen solo había visto tejidos al presenciar los abortos en la clínica. Pero esa mañana en particular, Helen vio bebés muertos. Algo *había* cambiado en su interior. Y el cambio de su persona interna resultó en una serie de cambios en el estilo de vida de la persona externa.

Esa es la forma como Dios actúa. Durante cada minuto del día él está trabajando en nuestras vidas.

CRISTO, EL MODELO PERFECTO

El siguiente aspecto que tú necesitas conocer con referencia a la obra de Dios en tu vida es que está diseñado de acuerdo a los propósitos de Dios. ¿Recuerdas lo de las personas desilusionadas que pasan por mi oficina y tratan de medir cuán involucradas están con Dios en sus vidas según sus circunstancias? Aquí está tu oportunidad para evitar caer en esa trampa.

El resultado final de la obra de Dios no se mide según la facilidad con la que llevemos nuestra vida o según las riquezas o la belleza que poseamos. El resultado se basa en una agenda especial que Dios estableció hace mucho tiempo. Su meta es recrear el carácter de Jesucristo en ti y en mí. Pablo lo dijo de esta manera: «Porque a los que Dios conoció de antemano, también los predestinó a ser transformados según la imagen de su Hijo» (Romanos 8:29).

Dios ha trabajado en esto para lograr que tú te parezcas más a su Hijo. Eso no significa que él desee que tú empieces a usar túnicas y sandalias, que te dejes crecer la barba y agregues: «De cierto, de cierto te digo» al comienzo de cada oración. Su meta no es volverte más inteligente ni alterar tu personalidad. Después de todo, él es el Dios de la variedad: nunca creó dos cosas idénticas.

Lo que significa es que cuando tú te hiciste cristiano, te

colocaron un nuevo potencial para el carácter. Te implantaron la vida de Cristo y por consecuencia tu potencial para el bien y para el carácter se incrementó en un mil por ciento. En efecto, ahora equivale al de Jesucristo. Eso no significa que tú serás Dios (sé que eso te chocaría). Pero sí significa que tú recibiste la vida de Cristo junto con todo su potencial. Y ahora que tienes ese potencial *dentro* de ti, lo que Dios desea hacer es avivar la llama.

A veces, esta se calienta.

No siempre es una llama cómoda.

Pero el día en que tú y yo tengamos la meta a la vista y estemos listos para romper la cinta y completar la carrera, entenderemos que nuestro carácter era infinitamente más importante que nuestra comodidad.

Capítulo seis

UN CORAZÓN ENDURECIDO

El éxito de un hombre no consiste en las cartas que le repartan
sino en que se moleste en tomarlas y jugar con ellas.

BEN ORTLIP

Existe una condición del corazón tan común que, si no se examina, impide el desarrollo del carácter. Esa condición es tan seria que frustrará cada intento de llevar su carácter hacia una dirección correcta. Las Escrituras se refieren a ese mal como un *corazón endurecido*.

Quizá la mejor definición que he escuchado sobre lo que significa tener un corazón endurecido provino de uno de mis profesores de la universidad. Él definía un corazón endurecido como «la sobreexposición y la poca reacción a la verdad». Cuando estamos sobreexpuestos a una verdad en particular y aun así la rechazamos y no la aplicamos, desarrollamos activamente un corazón endurecido. Cuando una y otra vez le decimos «no» a Dios en un área en particular de la vida, desarrollamos un corazón endurecido. Cuando oímos la verdad, oímos la verdad y oímos la verdad, y la seguimos obviando, obviando y obviando, nuestros corazones se endurecen.

Algo similar le ocurre a tus manos cuando tú trabajas en el jardín o levantas pesas sin guantes. Al principio, el rastrillo o la barra de pesas roza la piel, y eso duele. Hay sensibilidad a las consecuencias de la fricción. Pero, al cabo de un rato, la piel empieza a endurecerse.

Gradualmente le salen callos a tus manos.

Eventualmente ya no sientes nada.

Tu piel se vuelve tan gruesa que entumece las terminaciones nerviosas y por eso ya no sientes nada. Ya no hay sensibilidad.

Eso es lo que sucede en nuestros corazones. Cuando le decimos «no» a Dios repetidamente, nuestros corazones se pueden endurecer de tal forma que ya no *detectamos* la voz de Dios. Él todavía está hablando, pero no podemos oírlo. El todavía está obrando, pero no estamos en una posición para responder. Hemos perdido nuestra sensibilidad espiritual.

La verdadera tragedia de un corazón endurecido son sus consecuencias de largo alcance. Cuando de forma continua sacamos a Dios de un área de nuestras vidas, eso también afecta nuestra habilidad para discernir su voz en otras áreas. Y una vez que la persona pierde su habilidad para discernir el llamado del Espíritu de Dios, se expone a cualquier situación.

Cuando la norma de Dios entra en conflicto con nuestra personalidad, estilo de vida o circunstancias, ocurre un fenómeno interesante. Nuestro primer instinto es manipular su norma, la ajustamos un poquito para que encaje con nuestro estilo de vida. No es nada personal. Simplemente, es la naturaleza humana. Tenemos una propensión natural para cambiarle las reglas a Dios. Tendemos a cambiar sus mandatos para que encajen con nuestra personalidad, nuestro presente estilo de vida o nuestras actuales circunstancias. Nunca he conocido a nadie que no luche con esto.

En efecto, los cristianos somos expertos en este juego. Lo hemos practicado durante años al escuchar la verdad y esquivar las balas. Hemos perfeccionado nuestros movimientos desde hace mucho tiempo. Y así, de una forma subconsciente, recalcamos las porciones de las Escrituras que encajan con nuestra personalidad y posición en la vida. Y cuando nos confrontan con las verdades que entran en conflicto con nuestra versión personalizada del cristianismo, las soslayamos.

Sin pensar en esto, asignamos un valor a varios asuntos basándonos en cómo encajan con nuestro estilo de vida y nuestras metas. Desde luego, sabemos lo que Dios ha dicho sobre esas «otras cosas», pero nos convencemos a nosotros mismos de que no son tan importantes para Dios.

«Quizá sea cierto, pero...»

Es muy probable que tú lo hayas experimentado. De vez en cuando escuchas un sermón que te impacta el corazón y hasta te infringe un poco de dolor. De inmediato empiezas a buscar una forma de mitigarlo y piensas: *Bueno, sí, es cierto, pero también tengo que lidiar con otros asuntos.* O tal vez pienses: *Sé que esto es lo que la Biblia dice, pero tendré que esperar porque no estoy listo para eso.* Otra posibilidad es que pienses: *Mi situación es diferente. Mis circunstancias son inusuales. Mi pasado me ha hecho de la forma que soy.* Y durante todo ese rato, ansías salir de la iglesia, subirte al auto, encender la radio, sintonizar un juego de pelota y olvidarte de todo lo que acabas de escuchar.

Solo hay un problema. Cuando cambiamos la norma de Dios, este deja de ser la norma de Dios. Sin saberlo creamos una caricatura del cristianismo, una que no refleja con precisión lo que Dios realmente piensa. En su lugar, la caricatura exagera, distorsiona y minimiza ciertos rasgos.

La mayoría somos tan buenos en esta técnica que la practicamos sin tan siquiera percatarnos de ella. Irónicamente, mientras más lo hacemos, mejor nos sentimos con nosotros mismos. Imaginemos el siguiente escenario.

Un padre de familia, enfocado en la responsabilidad, sube las escaleras y golpea la puerta del cuarto de su hijo adolescente. Abre la puerta, apaga la grabadora y sermonea a su hijo durante treinta minutos respecto a la música que escucha. El adolescente no puede comprender todas las palabras, pero logra retener un mensaje similar al siguiente: «Ya no escucharás esta música. Va a hacer añicos tu mente y tu alma. Es del diablo y bla, bla, bla, bla. Vamos a dejarte aquí para que pienses en esto, mientras nosotros encendemos la televisión allá abajo y vemos el equivalente visual de lo que has estado escuchando. Pero, por supuesto, eso es diferente porque... porque simplemente es diferente. Bla, bla, bla, bla, si es que acaso sabes lo que es bueno para ti».

Es fácil ver lo que sucede en esa familia. Todos hemos hecho algo similar. Básicamente, en este ejemplo a los padres no les gusta la música. Seamos sinceros, es fácil encontrar algo malo en la música que a uno no le gusta. Pero cuando acaba la cruzada, los mismos padres se sientan y se entretienen visualmente con las mismas cosas que no quieren que el hijo escuche.

Decimos para nosotros mismos: *bueno, esto es diferente. Así es como me relajo al final del día. Soy un adulto; puedo controlarlo. Además, solo hubo esa única parte, y realmente no enseñaron nada...*

En otra casa vive una señora muy disciplinada. Le encanta organizar estudios bíblicos, dar clases de Escuela Dominical, pasar mucho tiempo a solas con Dios y memorizar versículos. No se le ocurriría faltar a la iglesia. Asiste al primer servicio, al último servicio, al servicio navideño, a la Santa Cena y al servicio de oración. En lo que respecta a las disciplinas espirituales aceptadas, ella no tienen tacha alguna.

Pero al mismo tiempo, esa mujer le falta el respeto a su esposo. Rehúsa someterse a su liderazgo. Le cita pasajes de las Escrituras. Busca la manera de intimidarlo con su «espiritualidad».

Entonces, ¿qué hay de malo en este ejemplo? Como el resto de nosotros, ella se enfoca en las cosas que se dan naturalmente. No guarda todo el consejo de Dios. Ha soslayado las cosas que no se dan fácilmente y, por ende, se siente bien consigo misma.

Todos luchamos con esto. Por consiguiente, vivimos con una imagen distorsionada del cristianismo. Moldeamos la vida cristiana para que encaje con nuestra propia vida. Cuando hacemos esto, somos culpables de un pecado del cual ya no se habla: *la idolatría.*

Una de las historias más confusas pero fascinantes que escuchaba de pequeño es la de Moisés al subir al monte Sinaí para recibir la Ley. Todavía recuerdo los dibujos del libro de historias, las nubes alrededor del monte y la gente que rodeaba al becerro de oro. Mientras Moisés se encontraba desaparecido en el monte Sinaí, la gente decía: «Bien, Moisés ha muerto. Necesitamos algo para adorar». Así que recolectaron sus objetos de oro e hicieron un gran becerro. Luego se postraron y comenzaron a adorarlo.

Aun en mi condición de niño solía pensar: *¿Qué tontería es esa? Crear algo uno mismo y luego adorarlo. Quiero decir, ¡uno mismo lo ha hecho!* Durante años pensé que esa era la idea más loca jamás vista. La idolatría no parecía ser algo con la cual yo lucharía como cristiano del siglo XXI.

Pero estaba equivocado.

REVISIÓN DEL CORAZÓN

Cuando permitimos que nuestros corazones se endurezcan hacia Dios, editamos su programa. Soslayamos y reenfatizamos hasta el punto de terminar adorando a un dios que no existe. Lo creamos por nuestra propia cuenta. Puede ser que se parezca al Dios de la Biblia, pero nuestro dios está personalizado, hecho a la medida. Es una variación de lo real.

Es un ídolo.

Esta es la conclusión: tú puedes adorar al Dios de la pureza y la santidad, o puedes adorar a un dios que simplemente te hace sentir satisfecho, afirma tus fortalezas y nunca toca tus puntos frágiles.

Pero no es el mismo dios. Dios está comprometido en transformar tu persona interna. Él llegó para fortalecer tus debilidades y no simplemente para celebrar tus fortalezas.

Todos luchamos con el pecado. De cuando en cuando todos caemos en la tentación. Todos tenemos faltas de carácter de las cuales ni siquiera estamos conscientes. Un corazón endurecido no es un corazón que esté necesariamente en rebelión consciente contra Dios. Es un corazón que ya no siente la *convicción* de Dios. Es un corazón que se volvió insensible a la voz de Dios.

Por lo tanto, ¿cómo puedes determinar si el tuyo es un corazón endurecido? No siempre es obvio. Después de todo, el endurecimiento se traduce en entumecimiento y a veces el entumecimiento, por su definición, es difícil de detectar. Es posible mantener una rutina religiosa impecable mientras nuestros corazones son tan duros como el acero. Es más, por causa de nuestra naturaleza humana tratamos de compensar la desobediencia sobresaliendo en otras áreas. Como resultado, una sorpresiva cantidad de las personas más endurecidas del mundo son tremendamente religiosas.

Así que, ¿cómo evaluamos nuestra situación? ¿Cómo sabemos si nos hemos entumecido y hemos permitido que nos salgan callos ante el llamado del Espíritu Santo en nuestra vida?

El verdadero examen del endurecimiento del corazón se halla en una simple ecuación: el grado del endurecimiento del corazón de una persona equivale a la disparidad entre lo que acongoja a esa persona y lo que acongoja a Dios.

Las preguntas a hacernos son: ¿Me acongojan las mismas cosas que acongojan a Dios? ¿Siento lo que Dios siente? ¿Me molestan las cosas que molestan a Dios? ¿Está mi corazón sincronizado con el corazón de Dios?

Todas las semanas, a través de las películas, los vídeos y la televisión, los cristianos se entretienen con las representaciones de los mismos pecados por los que Cristo murió. Sin embargo, en la mayoría de los casos, estos pecados no los acongojan en lo más mínimo. Por alguna razón no los vemos como situaciones pecaminosas, especialmente si «somos de edad». Después de todo, el sistema de clasificación de las películas nos dice que tenemos la edad suficiente para manejar esas cosas. Así que, ¿cuál es el problema? Consecuentemente, las escenas que romperían el corazón de Dios despiertan la risa y la celebración en tus hijos. Y, lo que es peor, raramente lo pensamos dos veces.

Tal vez nunca te hayas preguntado cómo se siente Dios en torno a las cosas que tú llamas entretenimiento. Después de todo, solamente te estabas relajando con tus amigos. Pero la razón por la cual ese entretenimiento no te molestó es porque tú no eres sensible a esto. Esa es la naturaleza de un corazón endurecido. *Cuando lo que acongoja a Dios ya no te acongoja a ti, tu corazón se ha endurecido. Cuando lo que molesta a Dios ya no te molesta a ti, tu corazón se ha endurecido.*

Tu reacción al entretenimiento es solo una manera de evaluar el estatus de su corazón. Existen muchas otras. Por ejemplo, toma tu Biblia y léela. ¿Qué acongojaba el corazón de Dios en el Antiguo Testamento? ¿Qué acongojaba el corazón de Jesús en el Nuevo Testamento? ¿De qué manera te impactan esas cosas? ¿Despiertan alguna emoción? Si es así, es probable que tú seas sensible al corazón de Dios. Quizá no seas perfectamente obediente en estas áreas pero, por lo menos, tu corazón es dócil. Sin embargo, si algo acongoja a Dios en las Escrituras pero a ti te deja pensando que quizá él exageró un poco, tal vez tengas un trabajo que hacer.

Puede ser que se esté entumeciendo.

TOMAR NOTA

Si alguien pasara una semana observando con cuidado tu estilo de vida, lo que te causa risa, los lugares que frecuentas, lo que permites que entre a tu mente, ¿qué conclusiones podría entresacar sobre tu Dios? ¿Cómo se compararía la imagen que esa persona obtendría con la imagen del Dios que encontramos en las Escrituras? ¿Qué tal si esa persona llegara a la conclusión de que las cosas que a ti te parecen tan importantes también deberían ser importantes para el Dios que tú adoras? ¿Qué tal si esa persona presumiera que tus prioridades reflejan las prioridades de Dios? ¿Qué tal si tomaras como señal de lo que acongoja a Dios aquellas cosas que te acongojan a ti? ¿Habría alguna similitud entre el Dios de la Biblia y el dios que tú sigues? ¿O habría tal discrepancia que este observador terminaría con una idea completamente errónea del Dios del cristianismo?

Claro, yo sé que nadie es perfecto. Pero no me refiero a dónde *estamos*. Hablo de hacia dónde nos *dirigimos*. La tragedia de un corazón endurecido es que distorsiona nuestro sentido de dirección. Perdemos nuestro rumbo. Un corazón endurecido nos ciega ante el faro del carácter de Cristo, el recordatorio de su intención fundamental para nuestras vidas. De esa manera, un corazón endurecido provoca un cortocircuito en nuestra búsqueda del carácter.

El carácter es el reconocimiento de que la vida no se trata de hacer lo que es bueno para *mí*, o lo que es fácil para *mí* o lo que se da naturalmente para *mí*. El carácter se trata de ser conformado a la imagen de Dios, no conformar a Dios a nuestra imagen. Si decimos ser seguidores de Dios pero nuestro estilo de vida refleja valores y normas diferentes a las de Dios, necesitamos volver a pensar en la deidad a la que en realidad estamos siguiendo.

Dios o un dios.

HACER SENSIBLES NUESTROS CORAZONES

Tras años de trabajar con adolescentes, cuidar mi matrimonio y guiar el desarrollo de mis hijos, he aprendido un principio importante: mientras más amo a alguien, menos puedo tolerar las cosas que dañan a esa persona.

De la misma manera, mientras más me preocupo por un grupo

de personas, más me preocupo por las cosas que las acongojan. A medida que crece mi amor por mis seres queridos, disminuye mi tolerancia por las cosas que les acarrean dolor.

Antes de comenzar a trabajar con los adolescentes, de alguna manera era neutral en cuanto a varios asuntos que ellos enfrentan. Pero todo cambió cuando empecé a relacionarme con los estudiantes, cuando ellos entraron a formar parte de mi vida y cuando vi vidas destrozadas por esas cosas ante las cuales nunca había mostrado un punto de vista. Desarrollé un intenso menosprecio por las cosas que los perjudican.

Cuando tú amas a alguien, te sensibilizas y te tornas intolerante ante las cosas que podrían causarles un daño potencial. Lo mismo se aplica a tu amor por Dios. Tu amor por Cristo se reflejará en lo que toleres en tu vida. Enfrentar la realidad de un corazón endurecido usualmente representa volver al inicio para cambiar el rumbo. Es una cuestión de señorío, se abrevia de acuerdo a las reglas que tú sigas en el juego. Jesús lo dijo de esta manera: «Si ustedes me aman, obedecerán mis mandamientos» (Juan 14:15).

La superación de un corazón endurecido no tiene que ver con fomentar una suerte de seudo culpa por causa de las cosas de las que realmente tú no te sientes culpable. Nuestros corazones se transforman mediante la comunión con el Salvador. Solamente él puede suavizar y sensibilizar tu corazón nuevamente. Busca esa relación, y los problemas de tu corazón se resolverán con el tiempo.

¿Recuerdas cómo te sentías cuando te hiciste cristiano? ¿Recuerdas lo dispuesto que estabas para hacer cualquier cosa que Dios te pidiera? Había un nivel alto de confianza y certidumbre. Sentías que podías confiar en Dios, así que dabas un paso de fe y esperabas que él interviniera. Dios no ha cambiado. Todavía puedes confiar en él. Él todavía sabe qué es lo que a ti te conviene.

Si crees que padeces de un corazón endurecido, solo hay una forma de avanzar: tienes que regresar. Debe regresar al tiempo cuando tu corazón era dócil y sensible al Espíritu.

El carácter requiere un corazón sensible. Para desarrollar el carácter en medio del ambiente entumecido de nuestra sociedad, no
puedes darte el lujo de desarrollar callos. No puedes arriesgarte a
funcionar a ciegas. Antes de seguir leyendo, escudriña tu corazón.
¿Hay algo en él que deje afuera al Señor? ¿Excluye de su señorío alguna área en particular? Cuando Dios expone tu oscuridad a la luz
de su verdad, ¿cómo tú respondes?

Capítulo siete

UN PROCESO LLAMADO RENOVACIÓN

El carácter es lo que tú eres en la oscuridad.
DWIGHT L. MOODY

E
l clima era benigno en Huffman Prairie la mañana del 23 de junio de 1905. Después de revisar una larga lista, Orville Wright tomó los mandos del Wright Flyer III. Habían pasado casi dos años desde que el vuelo en Kitty Hawk, que recibió tanta publicidad, capturó la imaginación mundial. Dos años desde el diluvio de telegramas que solicitaban los derechos exclusivos de la historia de los hermanos Wright. Se había ganado la carrera de un vuelo tripulado, y ahora, en todo el mundo, los científicos de la aviación abandonaban sus exóticos prototipos y se arrebataban por aprender la simple máquina creada en una tienda de bicicletas en Dayton, Ohio.

En dos ocasiones diferentes, a Orville y a su hermano Wilbur, les solicitaron que se pronunciaran ante la distinguida Sociedad Occidental de Ingenieros. Además, varios oficiales procedentes de Estados Unidos, Gran Bretaña y Francia hablaron con los hermanos Wright sobre la posibilidad de comprarles las máquinas voladoras para sus respectivos ejércitos. En el ámbito mundial se reconocieron a los dos fabricantes de bicicletas como las primeras autoridades de la aviación.

Impávidos ante su propio éxito, los hermanos continuaron con sus labores de la misma manera humilde con la cual comenzaron.

Mientras Orville se preparaba para otra prueba de vuelo, la ausencia del hormigueo de reporteros le brindó un alivio bien recibido. Mientras el mundo celebraba el amanecer de la aviación, los hermanos Wright se encargaban diligentemente de la tarea de mejorar los mandos de su avión. Desmantelaron por completo la versión original a fin de crear un nuevo diseño que le diera al piloto mayor estabilidad y control. Un nuevo motor le otorgaba al avión dos veces más caballos de fuerza que el Flyer I. Se realizaron varias modificaciones a las alas y los estabilizadores. Ahora, Orville ansiaba medir su progreso.

El motor chisporroteó y, en seguida, el artefacto se elevó. Pero, en cuestión de segundos, se hizo obvio que las modificaciones no funcionaban. Tras algunos intentos de maniobras, Orville piloteó el avión de regreso a la tierra donde chocó y a él se le quebraron cuatro costillas de las alas. Una vez más los hermanos se retiraron a su taller. Después de casi dos años y cientos de pruebas de vuelo desde la emocionante experiencia en Kitty Hawk, todavía había trabajo que realizar. Como dijo un biógrafo: «Los hermanos Wright habían volado, pero todavía necesitaban aprender a volar».[5]

SALIR DEL SUELO

Son muchos los cristianos desilusionados que todos los días despiertan a una nueva vida que, extrañamente, se parece a la vida vieja. ¿En dónde está el cambio? ¿En dónde está el gozo? ¿En dónde está la paz que sobrepasa todo entendimiento? Incapaces de «volar como las águilas» (Isaías 40:31), se confunden, se llenan de escepticismo y hasta se sienten inseguros de su salvación. Con frecuencia las personas esperan que la etiqueta del cristianismo las vuelva espiritualmente maduras de la noche a la mañana. Si eso no sucede, dudan de Dios, de su fe y de ellas mismas. Estos cristianos han volado, pero todavía necesitan aprender a volar.

Cuando nos enfocamos exageradamente en obtener nuestras «alas», es fácil olvidar lo que el cristianismo es en realidad: un proceso de toda una vida para ser transformados a la semejanza de Cristo. Esa experiencia inicial de flotar en el aire es solo el principio. El éxito de los vuelos futuros dependerá de cuán preparados estemos para enfrentarlos. Aunque el cristianismo cambia nuestro destino final, no es garantía de que nuestra conducta en la tierra se alterará.

Todos hemos escuchado muchos testimonios de personas cuyas vidas Cristo cambió de la noche a la mañana. Criminales que dejan sus vidas dedicadas al delito para seguir a Jesús. Alcohólicos que repentinamente pierden el deseo de beber. Esposos y esposas que hacen «la oración» y sus matrimonios se salvan de inmediato. Y, aunque nunca dudaría de la autenticidad de esas historias, sé que, en efecto, estas son las excepciones, no la regla. La cronometría de Dios no es la misma cronometría para todos. Y, para la mayoría de los cristianos, el proceso de transformación es lento y metódico.

Tristemente tenemos la tendencia de presumir que si nuestra experiencia espiritual es real, esta producirá un cambio instantáneo. Mientras eso no ocurre, nos apresuramos a concluir que quizá la experiencia nunca sucedió. O tal vez pensamos que no fuimos lo suficientemente sinceros, o que no tuvimos la suficiente fe.

Te tengo una noticia: ser adoptado en la familia de Dios no mejora tu carácter necesaria, instantánea o automáticamente. La Biblia no promete un cambio repentino. El crecimiento espiritual llega como resultado de un proceso llamado *renovación*.

Un proceso deliberado

Examinemos con cuidado las instrucciones de Pablo a los creyentes de Roma: «No se amolden al mundo actual, sino sean transformados mediante la renovación de su mente» (Romanos 12:2). Imagínate que Pablo se hubiera detenido en la primera parte del versículo: «No se amolden al mundo actual». Aunque es una advertencia apropiada, no es de mucha ayuda. Esta parte del versículo simplemente verbaliza lo que hemos escuchado durante toda la vida: «Sé bueno», «compórtate bien», «deshazte de esos viejos hábitos», «¡cambia!»

Quizá tú seas como yo. Realmente nunca luché para discernir la diferencia entre el bien y el mal, esa parte generalmente era fácil de lograr. Sabía *lo que* se esperaba que yo hiciera, solo que no tenía la *voluntad* para hacerlo. Así que, ¿cómo desarrollamos la voluntad para hacer lo correcto?

Este es el punto de tensión en nuestra búsqueda del carácter. Aquí es donde todo el asunto se descompone para la mayoría de nosotros. Afortunadamente, Pablo lo toma en consideración en la segunda parte del versículo: «sino sean transformados mediante la renovación de su mente».

En otras palabras, la renovación de la mente es el medio o el vehículo mediante el cual se lleva a cabo la transformación. La renovación es lo que nos transforma.

Nota que Pablo no dice: «sean transformados mediante la dedicación de sus vidas». Tampoco habla de hacerle promesas a Dios, sentirte muy triste, hacer una larga oración, llenar una tarjeta o unirte a la iglesia. Pablo no menciona ninguna de las cosas que normalmente consideramos catalizadoras para el cambio.

En su lugar, la renovación de tu mente te transformará. Esta es la avenida que conduce a una vida cambiada. Es el proceso que genera el carácter.

Si realmente deseas convertirte en un hombre o una mujer de carácter, debes decidir renovar tu mente. Si conscientemente no intentas renovar tu mente, es porque no eres proactivo en tu búsqueda de carácter. La renovación es nuestra parte en el proceso. Es nuestra manera de trabajar con el Espíritu Santo que nos moldea y nos forma a la semejanza de nuestro Salvador. *Es lo más significante que podemos hacer para desarrollar nuestro carácter.*

Puedes pasar el resto de tu vida haciendo promesas, llenando tarjetas de compromisos y conversando con tus consejeros. Pero las palabras de Pablo son muy claras. Si no renuevas tu mente, no serás transformado. Las cosas se quedarán más o menos igual a como están. Sí, irás al cielo cuando te mueras, pero mientras tanto, es posible que no experimentes nada abundante en esta vida.

Romanos 12:2 es una promesa poderosa y reveladora. Nos dice que nuestra transformación no solo depende de la profundidad de nuestro compromiso. Este es un pensamiento realmente interesante a la luz de la forma en que el compromiso se destaca en la mayoría de los sermones y escritos. Sin embargo, si lo piensas, el compromiso para hacer algo no es nada más que un sincero gesto externo. Por lo general, las emociones momentáneas impulsan los compromisos, una historia, un testimonio, el dolor de la culpa, una canción. Es por eso que muchas personas dejan de lado sus promesas, renuncian a sus resoluciones de año nuevo y hasta abandonan sus votos matrimoniales.

Un compromiso no dice nada sobre el interior de un hombre o una mujer. No representa la habilidad ni incluso la dedicación de un individuo. Muchas promesas van más allá de la capacidad del que las hace. Es lo que está en el interior lo que finalmente determina lo que sucede en el exterior. Es por eso que Dios no pide un compromiso sino una renovación.

El cristianismo no es un suceso sino un *proceso* diseñado acorde a los propósitos de Dios. Mediante la renovación, la sabiduría y la verdad de Dios se convierten en la base de nuestro pensamiento, y, en un momento dado, de nuestra conducta. Con el tiempo, una mente renovada se traduce en una vida transformada. A menos que tú te involucres en el proceso de renovar tu mente, no habrá una mejoría duradera. Ser cristiano no garantiza el cambio. Solo lo logra una mente renovada.

El rol de la comprensión

La forma en que tú percibes la realidad sirve de base para todas tus decisiones. Tu interpretación de los hechos que ocurren a tu alrededor sirven de base para todas tus actitudes. Por esta razón la renovación es una parte tan vital para el cambio. Versículo tras versículo, la Biblia toca el tema de la mente, el conocimiento y la comprensión. La manera de pensar es fundamental en relación a cómo respondemos a todo, incluyendo la ley de Dios.

Cuando intentamos reconciliar los mandamientos de las Escrituras con pensamientos y actitudes que no reflejan la realidad, se origina un conflicto. Tengo una tarjeta en mi casa que dice: «Los imperativos bíblicos separados del pensamiento bíblico dan por resultado la obediencia a corto plazo y la frustración a largo plazo».

Los mandamientos bíblicos desprovistos de una comprensión y una cosmovisión bíblica crean tensión en nuestra alma. Surge el conflicto. Los mandamientos de Dios no tienen sentido para nosotros ni tampoco encajan en nuestro estilo de vida. Como resultado, no tenemos motivación para seguirlos. Experimentamos una sensación de impotencia, y cualquier esfuerzo bien intencionado es de corta duración.

Si tú no me crees, pregúntale a una cristiana promedio qué piensa sobre la noción de que las esposas se sometan a sus esposos.

«Bien, eh, sé que está ahí»…

«Pero pienso que lo que realmente él quiere decir es»…

«La excepción es»…

«Y si un esposo no»…

El *qué* está claro. Pero la sumisión se queda corta ante el sentido común, simplemente no encaja en nuestra cultura.

Pero una vez que una mujer entiende *por qué* Dios ordena a las esposas que se sometan a sus esposos, eso no parece tan ridículo. De hecho, realmente tiene mucho sentido. Una mujer recibe mejor el mandamiento del sometimiento después que renueva su mente en torno a lo que es cierto sobre ella, los hombres en general y los estatutos de Dios para el matrimonio.

Pregúntale al cristiano soltero promedio qué piensa sobre la noción de que las relaciones sexuales deben reservarse solo para el matrimonio. Una vez más, recibirá una mirada vaga.

«Sé que está ahí, y probablemente sea una buena idea, pero»... Pero realmente no tiene mucho sentido, ¿cierto? ¿*Por qué* esperar hasta el matrimonio?

Pero cuando un hombre renueva su mente en torno a lo que es cierto sobre él, el sexo, el matrimonio y la intimidad, repentinamente la ley de Dios tiene sentido. No solo tiene sentido sino también es convincente. Sin embargo, separado del pensamiento bíblico, por lo general el mandato de Dios referente al sexo suscita obediencia a corto plazo y frustración a largo plazo.

Con frecuencia perdemos el *porqué* detrás del *qué* ordenado por Dios. El descubrimiento del *porqué* viene solamente a través de la renovación. La madurez espiritual requiere aprender a ver las cosas desde la perspectiva de Dios. Cuando comenzamos a interpretar los sucesos, las emociones y las relaciones igual que Dios lo hace, nuestra conducta se adapta. Si usted ve las cosas desde la perspectiva de Dios, sus mandatos tienen sentido y se incrementa rápidamente su motivación para obedecer. Cuando vemos como Dios ve, estamos dispuestos a hacer lo que él diga.

Del temor a la fe

Uno de los beneficios adicionales de la renovación de tu mente es que se incrementa tu fe en el amor y la preocupación de Dios en tu vida. Si renuevas tu mente, entenderás más y más por qué Dios ha dicho las cosas que ha dicho y por qué él ha ordenado las cosas que ha ordenado. Sobre la marcha, comprenderás que Dios nos da sus mandamientos como una línea de defensa en contra de un sistema mundial diseñado para destruirnos. Se nos da la ley de Dios como un cerco protector. La libertad se encuentra en su voluntad moral y ética.

Mientras más aceptes la idea de que Dios intenta darte cosas buenas, más fácil te resultará obedecer sus mandamientos, aunque estos no parezcan prácticos. Mientras más encuentres la fidelidad de Dios, menos dudarás de él. Los pasos gigantes de la fe te parecerán como una serie de pequeños pasos.

Para muchos creyentes la vida cristiana es como una interminable rutina de salto de precipicios. Es como si Dios estuviera en el fondo de un hoyo oscuro y gritara: «¡Salta! Confía en mí», ante lo cual la gente respondería: «¿Por qué?» y él nunca contestara. Y es como si a los demás compañeros de salto les informaran que no deben preguntar el porqué.

Desde luego, cuando se comienza a seguir a Cristo hay momentos decisivos que se parecen al escenario del salto de precipicios. Pero después de dar unos cuantos pasos de fe, ganamos el privilegio de mirar hacia atrás y notar que los mismos mandamientos que una vez nos perturbaron eran, en realidad, algunos de los mejores consejos que hemos seguido.

Todos los veranos muchos niños se paran algo nerviosos a la orilla de las piscinas mientras sus padres los esperan con los brazos abiertos y les piden que salten. Y todos los veranos los resultados son los mismos. El temor vence a algunos niños y regresan corriendo hacia su mamá, solo para esperar un año más y entonces descubrir el gozo de nadar. Pero algunos niños no huyen, con cuidado analizan la situación y buscan razones tangibles para creer que saltar está bien. Sin embargo, esos niños no saben nada sobre las piscinas, ni sobre el agua. Con el tiempo se dan cuenta de que la única garantía que tienen es la promesa de su padre.

Y, eventualmente, eso es todo lo que necesitan. Y saltan.

Al principio da un poco de miedo. Pero después que el primer chapoteo se calma, los niños entienden que no hay ningún problema. En efecto, reconocen que saltar fue divertido y preguntan si pueden hacerlo otra vez. Y otra vez. Y otra vez. Para los niños que perseveran ese ejercicio de fe no solo les permite disfrutar una tarde divertida con papá, sino que también les da más razones para tener confianza la próxima vez que papá les pida que hagan algo.

Tu andar con Dios es similar. Como el padre paciente, Dios anhela que tú disfrutes la libertad para la cual te diseñó, y que la disfrutes con él. Pero nuestro temor y falta de fe con frecuencia nos impiden experimentar las cosas buenas que él nos ha preparado. Dios dice: «salta», sabiendo que la certeza se halla en sus brazos, no al lado de la piscina. Pero todo lo que nosotros vemos es agua. Territorio desconocido. Buscamos una garantía a nuestro alrededor, algo que motive nuestra confianza. Y luego de buscar, la única seguridad que podemos encontrar es la promesa de su Palabra.

Algunas personas se alejan por temor.

Algunas dan un paso de fe hacia adelante.

El proceso de renovación es lo que nos da la habilidad de ver que saltar está bien. Al renovar nuestras mentes, aprendemos acerca de la piscina y del agua. Y, lo que es más importante, aprendemos acerca de los brazos que se extienden para recibirnos.

¿QUÉ PIENSAS TÚ?

La mejor forma de determinar la necesidad de la renovación en los aspectos de tu vida es examinar la manera en que tú respondes a las leyes y a los principios de vida que Dios nos dio. Como hemos visto, nuestra tendencia natural es oír los principios de Dios y editarlos para que encajen en nuestro estilo de vida. Justificamos nuestras acciones en lugar de conformarnos a su norma. Es la naturaleza humana. Una buena parte de esto ocurre subconscientemente. Pero si nos detenemos y prestamos atención a nuestros pensamientos y emociones en estas situaciones, podemos aprender mucho sobre nuestra forma de pensar. Las siguientes respuestas indican una necesidad de renovación:

- «Desde luego, no tengo que tomar la Biblia literalmente».
- «Sé que debería poner a los demás en primer lugar, pero...»
- «Sé que él/ella no me conviene, pero...»
- «Sé que debería pasar más tiempo con mi familia, pero...»
- «Sé que debería ser más _____, pero...»
- «Sé que no debería ver esas cosas, pero...»
- «Sé que no tengo por qué ir ahí, pero...»
- «Sé lo que Dios dice sobre el dinero, pero...»
- «Sé que debería perdonar, pero...»
- «Sé que debería ser amable, pero...»

Cuando surge un asunto y el *qué hacer* está claro, pero el *por qué hacerlo* se resume en nada menos que «la Biblia dice»..., entonces has descubierto un área de tu vida que necesita renovación. Has descubierto un área en la cual no estás convencido de que el camino de Dios sea el mejor para ti. Tú ves a Dios como si estuviera obstruyendo el camino que es mejor para ti. Si eso ocurre, tienes una fuerte necesidad de renovación. El compromiso no da la talla, y la promesa de que mejorará solo dará por resultado la frustración. Hay algo en la solicitud de Dios que tú no entiendes. Si esperas librarte del ciclo de la obediencia a corto plazo, necesitas descubrir qué es lo que no entiendes de esa solicitud.

EL PODER DEL TRABAJO EN EQUIPO

Nunca olvidaré vestir a mi hijo Andrew cuando él era un recién nacido. Introducir sus pequeños brazos en las mangas de las camisas era como intentar pescar sin más instrumentos que las manos. Mientras que yo abría el hueco de la manga y afinaba mi puntería, su cuerpo se enroscaba y se retorcía. Me esforzaba, pero Andrew se encorvaba en cualquier dirección excepto la correcta. Hasta que finalmente, un miembro a la vez, lograba meterlo en esas pequeñas ropas. Pero no era fácil. Él no entendía el proceso. En efecto, a esa edad, ¡él no entendía casi nada!

Luego, poco a poco, Andrew comenzó a comprender. Unos cuantos meses después, cuando veía venir la camiseta inclinaba su cabeza hacia ella. Al poco tiempo, empujaba él solo sus brazos a través de las mangas. Al entender cómo funcionaban las cosas, hizo que mi tarea fuera más y más sencilla. Ya sabía qué esperar; sabía lo que significaba todo ese proceso.

Igualmente, el proceso para desarrollar el carácter depende, en parte, de tu disposición para cooperar. Dios intenta vestirte con su carácter. Pero si tú no entiendes lo que él intenta lograr, o el por qué, probablemente tú harás que el proceso sea más difícil y lento. Como los bebés, a menudo nos enroscamos, nos retorcemos y nos resistimos a lo que Dios intenta hacer en nuestras vidas.

Como un buen padre que es, Dios obra constantemente para moldear tu carácter. Él es implacable. Él te ama demasiado como para renunciar o rendirse. Desde el día en que tú naciste, este ha sido su prioridad para tu vida. Esta prioridad continuará hasta el momento en que tú des el último suspiro. Pero mientras que Dios es fiel en su tarea de generar carácter en tu vida, extrañamente, una buena parte de su progreso depende de tu disposición para cooperar.

La agenda de Dios para ti es tu carácter. ¿Cuál es tu agenda para ti mismo? ¿Es tu prioridad similar a la de Dios? ¿O acaso alimentas con hipocresía tu relación con Dios al invitarlo a participar de tus decisiones solo cuando necesitas desesperadamente su ayuda o cuando esto encaja con tu estilo de vida?

Imagina tu potencial si trabajaras *con* él en lugar de trabajar alrededor de él. Cuando los dos se alineen, se librará una nueva dimensión del poder de Dios en tu vida. Y, al renovar tu mente, comenzarás a entender y cooperar con los propósitos de Dios para tu vida, en lugar de luchar en contra de ellos.

Capítulo ocho

DESPOJARSE DE LO VIEJO

Estoy convencido de esto: el que comenzó tan buena obra en
ustedes la irá perfeccionando hasta el día de Cristo Jesús.

FILIPENSES 1:6

L a ruta parecía estar perfectamente clara. Desde su lugar estratégico en la playa, el joven marinero observaba cómo cada barco zarpaba al mar abierto y luego desaparecía en el horizonte. Él estaba convencido. Lo único que separaba a Portugal de las riquezas de las Indias Occidentales era un solo cuerpo de agua. Y, sentado entre las dunas, Cristóbal Colón apenas podía contener su emoción.

Solo había un problema. Todos presumían que el mundo era plano. Creían que si un barco se aventuraba a ir demasiado lejos, el barco y su tripulación se precipitarían desde la punta. Y así, aunque el mar abierto lo llamaba, Colón permanecía cercado de tierra, encarcelado en la sabiduría convencional de su época.

Colón enfrentó el incalculable ridículo y varias dificultades antes de obtener la autorización para embarcarse en su famoso viaje. El viaje en sí no fue menos hostil. No obstante, mientras Colón y su tripulación superaban los tremendos desafíos del mar, su aventura cambió la comprensión de la humanidad sobre el mundo.

Dios desea cambiar tu comprensión sobre el mundo que te rodea. La renovación es su método. La renovación es el proceso mediante el cual Dios nos libera de las mentiras convencionales del sistema de este mundo y nos libera para que disfrutemos de las recompensas del carácter.

La sabiduría convencional nos dice que el mundo es plano. Pero esa es una mentira. La sabiduría convencional nos dice que engañar está bien, que comprometer tu integridad dará resultados, que el matrimonio es un esfuerzo de prueba y error, que no hay absolutos morales. Pero todas esas cosas son mentiras. Mentiras que nos mantienen navegando cerca de la orilla. Mentiras que nos roban las oportunidades que se hallan más allá del horizonte.

Una mente renovada transforma la vida de la misma manera que el descubrimiento de Colón transformó la navegación. Colón vio el error en la presunción de la navegación de su época y desafió el error con la verdad. Luego se embarcó y actuó según lo que creyó era cierto. Al hacerlo, Colón cambió la industria del comercio para siempre.

La renovación de nuestra mente requiere desafiar las presunciones y las creencias que respaldan nuestras actitudes y visiones del mundo. Significa que debemos identificar y enfrentar los errores en nuestro pensamiento. También requiere la substitución de esas equivocadas maneras de pensar por la *verdad*.

La renovación de nuestra mente es un proceso que consta de dos partes:

1. Despojarse de lo viejo.
2. Vestirse de lo nuevo.

En este capítulo, examinaremos el primer paso: despojarse de lo viejo.

Afuera con lo viejo

Cuando una mujer se va a pintar las uñas, la primera cosa que hace es quitarse el esmalte viejo de sus uñas. Solo entonces se pone el nuevo. Cuando tú restauras un mueble, el primer paso es deshacerte del acabado anterior. Cuando pintas un carro viejo, si es que deseas hacer bien la tarea, lo primero que debes hacer es sacar la vieja pintura, lijar hasta llegar al metal.

Este es el proceso de la renovación: despojarse de lo viejo y vestirse de lo nuevo. La idea es quitar cualquier cosa que reste un acabado nuevo y perfecto. En lo que respecta a la renovación de la mente, despojarse de lo viejo significa identificar mentiras, ideas equivocadas y malas percepciones que sirven de base a nuestras creencias y actitudes. En algunos casos, son cosas en las que hemos creído toda la vida.

Colón creció en una época en que las personas creían que la tierra era plana, y ese cálculo erróneo estorbó con severidad su potencial y el de otros marineros. Pero luego se sometió a un proceso de renovación y reconoció el error existente en la sabiduría convencional de su época. Identificó la verdad y después actuó de acuerdo a esta. En conclusión, eso es la renovación.

La historia de Colón ilustra un principio muy importante:

Lo que creemos determina cómo actuamos.

Este principio es fundamental para entender la importancia de la renovación. Funciona como otro medio para explicar el *porqué* detrás del *qué* de nuestras acciones. Cada una de las facetas de nuestra conducta está, de alguna manera, atada a algo en lo que creemos. Cuando tú y yo creemos en algo erróneo, esto se traduce en una conducta equivocada.

Lo mismo se aplica a lo contrario. El pensamiento correcto prepara el camino para una conducta correcta. Este proceso se explica en la carta de Pablo a los creyentes de Colosas:

Dejen de mentirse unos a otros, ahora que se han quitado el ropaje de la vieja naturaleza con sus vicios, y se han puesto el de la nueva naturaleza, que se va renovando en conocimiento a imagen de su Creador.

COLOSENSES 3:9-10.

Debemos dejar de lado nuestra antigua manera de ser y ponernos la nueva. El comando central para el proceso de renovación es nuestra mente, nuestro pensamiento. Para llenarnos de ese «conocimiento», es necesario que rastreemos y nos deshagamos de todas las mentiras, malas interpretaciones y creencias que no se basan en la verdad, cualquier cosa que sea contraria a la verdad y a la realidad.

MENTIRAS, MENTIRAS Y MÁS MENTIRAS

Vivimos en un mundo que nos miente a diario. Durante toda la vida nos han dicho mentiras. Es una de las consecuencias de vivir en un mundo que ha vuelto su espalda a la Fuente de la verdad.

Día a día y de muchas maneras, a las mujeres de nuestra sociedad les dicen que deben ser bonitas para que las amen. El mensaje se resume en que el catalizador de las relaciones duraderas y satisfactorias es la apariencia física. Y aunque pocas mujeres admitirían creer en esa línea de pensamiento, pocas podrían negar que han actuado de acuerdo a estas.

Por otro lado, a los hombres les dicen que la clave de su felicidad es un modelo más nuevo que requiere menos mantenimiento. Ya sea que el tema sean los autos o las mujeres, la mentira es la misma. Y es una mentira que se repite cada vez que encendemos la televisión, leemos una revista o caminamos por la calle. Una vez más, nunca he conocido a un hombre capaz de admitir que piensa de esa manera. Pero conozco a demasiados que han tomado decisiones en la vida real basándose en esas suposiciones defectuosas.

La exposición repetida a esas mentiras del mundo acarrea consecuencias. Con el tiempo, muchas de esas mentiras se tejen en la tela de nuestro pensamiento. No siempre estamos conscientes de que están ahí. De hecho, con frecuencia estamos inconscientes de las ideas que forman la base de nuestras decisiones y actitudes. Pero esas creencias, ya sea que se fundamenten en la realidad o no, funcionan como el punto de partida mediante el cual interpretamos la información de nuestras vidas.

IMÁGENES MENTALES

Tu imagen mental de Dios puede estar distorsionada por los sutiles mensajes que recibiste de niño. Quizá tu imagen de Dios sea más como la imagen de Santa Claus y no como el Dios descrito en la Biblia. Lo ves como una figura grande y jocosa que vive en algún lugar del espacio. Y si eres una persona más buena que mala, al final él será generoso contigo. O quizá pienses que Dios es un tirano, no importa lo que hagas, nunca será suficiente para saciar su ira. Desde luego, puede ser que él te «ame» porque la Biblia dice que él te ama, pero realmente tú no le *gustas*.

Hasta cierto grado, todos vivimos con distorsiones similares. Con frecuencia, nuestras perspectivas sobre el matrimonio están desviadas, acerca de lo que se espera que un esposo sea, acerca de lo que se espera que una esposa haga, acerca del amor, el sexo, el dinero. Cuando hay una distorsión de la verdad, esta se refleja en un momento dado en nuestra conducta.

Si tú crees que la tierra es plana, no navegarás lejos de la playa. Si crees que la felicidad se halla en la acumulación de las posesiones, no serás muy generoso. Si crees que no se puede confiar en las personas, no tendrás muchos amigos cercanos. Si crees que estás menos que completo sin un cónyuge, buscarás casarte a una velocidad peligrosamente intensa. Si crees que no puedes cambiar, no cambiarás. Si crees que Dios te acepta por tu actuación, actuarás hasta morirte o te rendirás del todo. Y la lista continúa.

Es por eso que puedes prometer, comprometerte y dedicar tu vida una y otra vez sin que jamás haya progreso alguno. Mientras no revises tu sistema de creencias, tu conducta nunca cambiará. Esto es así porque lo que creemos impacta lo que hacemos.

Si esto es así, *es importante que empieces a identificar en tu conjunto de creencias esas cosas que no son verdaderas.* Los cambios específicos que te gustaría realizar en tu conducta y carácter están ligados a las cosas que crees. No hay dudas de que tú ya intentaste lidiar con esas cosas en el ámbito de tu conducta. Y, a menos que tengas un índice extraordinario de resolución, has logrado un éxito limitado.

Pero el plan de Dios para el cambio comienza en el nivel de las creencias. Tu salvación empezó ahí, y tu transformación también se inicia ahí. La renovación requiere la evaluación diaria y continua de tu sistema de creencias. No ocurre todo de una vez. La transformación no es un suceso único. Es una forma de vida. Si te comprometes con el proceso, serás sensible a las presunciones que impulsan tu conducta. Con el tiempo, podrás discernir mejor las creencias que impulsan tus respuestas y reacciones en cuanto a los sucesos de la vida.

LO PRIMERO ES LO PRIMERO

Tú no puedes llenar un vaso con agua si está lleno de tierra. Primero, tienes que quitar la tierra. Puedes usar el agua para ayudarte a hacerlo. Pero, de cualquier manera, debes quitar la tierra antes de poder llenar el vaso con agua.

De la misma manera, no puedes llenar la mente con la verdad hasta que hayas identificado y quitado las mentiras que residen en ella. Un cristiano se puede sentar en las bancas de la iglesia durante años y escuchar mensajes buenos, sanos y orientados a la aplicación y, aun así, nunca cambiar. *Tú no puedes apegarte del todo a una verdad hasta que no erradiques el error que se opone a esa verdad.*

Un hombre que tenía problemas en su matrimonio vino a verme para que lo aconsejara. Durante cuarenta y cinco minutos me contó todas las cosas en las que su esposa fallaba. Si la mitad de lo que me dijo era cierto, el hombre tenía derecho a quejarse. Era cristiano y conocía lo que la Biblia dice respecto al matrimonio. En especial, era muy letrado en las porciones que tratan sobre las esposas y la sumisión.

Cuando terminó de hablar, le pregunté:

—¿Cómo puedo ayudarlo?

—Dígame qué debo hacer.

—¿Qué cree que Dios desea que usted haga?

—No lo sé, lo he intentado todo.

—¿Qué quiere decir con que lo ha intentado todo?

Me contó sobre las cosas que ha hecho para «ayudar» a su esposa.

Al terminar, le dije:

—Tengo la impresión de que usted desea «arreglar» a su esposa.

—Sí —contestó—. Eso quiero. Pero no sé cómo.

Al seguir con la conversación, se volvió evidente que ese creyente bíblicamente astuto funcionaba a partir de varias premisas falsas. Eran presunciones de las cuales ni siquiera estaba consciente. Eran presunciones que contradecían varios pasajes de las Escrituras en los cuales él creía firmemente. Pero la verdad de esos pasajes nunca lo impactaron debido a las mentiras no detectables y ocultas que deformaban su mentalidad.

Presunción falsa #1: A los esposos se les ha dado la responsabilidad de arreglar a sus esposas. Eso era lo que realmente él creía. Y ya que él creía que eso era cierto, actuaba acorde a esa creencia, lo cual solamente empeoraba el problema. La verdad es que Dios no llamó a los hombres para arreglar a sus esposas. Él nos ha ordenado que las amemos.

Lo interesante es que ese hombre podía *recitar* los versículos que mencionan que los maridos deben amar a sus esposas. Lo sabía. Solo que él no funcionaba desde esa perspectiva. Decía que había intentado amarla. «He tratado de ser amable, dulce y paciente, y ¡nada ha cambiado!» Esto trajo a la superficie otra presunción falsa.

Presunción falsa #2: El amor es una herramienta y, si no hace el trabajo, está bien usar otra herramienta. El hombre intentó amarla para lograr que ella cambiara. Y cuando no se logró esa tarea, dejó de lado esa herramienta y agarró otra. Sin embargo, el amor no es un medio para lograr un fin. La manipulación es un medio para lograr un fin. Cuando el amor se utiliza como manipulación, no es amor.

Cuando la dulzura no le funcionó, ese hombre echó manos al enfoque opuesto. Le dio a su esposa una cucharada de su propia medicina. Intentó con los regaños, las discusiones y las exigencias de sus derechos. Probó con un trato silencioso. Y cuando ya no disfrutaba estar en casa, buscó las oportunidades para estar lejos de ella.

Presunción falsa #3: El rechazo es el camino hacia una relación restaurada. Otra presunción falsa que ese hombre tenía era que su esposa podía cambiar mediante repetidos episodios de confrontación, hallazgo de culpabilidad y evitándola. Él no sabía que eso era lo que él creía. Por el contrario, *pensaba* que creía que los maridos deben amar a sus esposas como Cristo amó a la iglesia. Pero ese concepto teológico nunca se internalizó, nunca se hizo parte de su sistema operativo de creencias.

El rechazo nunca, nunca, nunca sirve como un puente de regreso a la relación. Muchos respondemos al rechazo con más rechazo. Nos viene naturalmente, pero no funciona.

Así que le pregunté a ese hombre:

—¿Qué hace su Padre celestial para cambiarlo a usted?

Pensó durante un momento.

—No estoy seguro.

—Desde que usted se convirtió en un creyente, ¿ha habido algún cambio significativo?

—Por supuesto, muchos.

—¿Alguna vez Dios lo regañó, avergonzó o rechazó en el momento en que falló?

Él sabía hacia dónde iba esto.

—No —me contestó.

—¿Sabe por qué Dios no recurre a eso? —le pregunté.

Miró el techo.

—Porque no funciona.

—Correcto.

Hablamos acerca de cómo el amor es el ambiente más propicio para lograr un cambio. Reiteré algunas de las presunciones falsas bajo las cuales el hombre funcionaba. Mientras más hablamos, más información errónea descubrimos. Había mentiras y falsas presunciones de las cuales él ni siquiera estaba consciente. Estas no permitían que la verdad en la que él creía pasara al nivel funcional.

En el corazón de casi cada problema entre las relaciones he encontrado mentiras y falsas presunciones. El problema no es nunca la falta de inteligencia. Por lo general, no es que las personas con las que hablo no sean espiritualmente sensibles o no estén comprometidas con el cambio. Casi siempre el problema se remonta a un sistema de creencias deficiente.

Y con razón. Cada vez que tú lees una revista, cada vez que enciendes la televisión, cada vez que conversas en el trabajo, cada vez que te relacionas con cualquier segmento de este mundo, es probable que te mientan. Una y otra vez, nos alimentan con mentiras sobre lo que es real, lo que es verdadero, cómo funcionan las cosas, lo que es importante, lo que «merecemos» y cómo deberían tratarnos. Si no aprendemos a reconocer esas distorsiones de la verdad, las inculcaremos en nuestro sistema de creencias y actuaremos de acuerdo a ellas.

Algunas de las mentiras en las que creemos son muy, pero muy sutiles. Son difíciles de detectar. Para comenzar, quiero darte algunas técnicas que te ayudarán a reconocer las mentiras que se han infiltrado en tu sistema de creencias.

Una de las mejores maneras para identificar las creencias falsas detrás de tu conducta es evaluar las cosas que tú dices. Es posible que no las digas en voz alta, pero quizá las piensas. Las siguientes oraciones son buenos indicadores de la existencia de un pensamiento deficiente.

1. «Siempre he sido así».

«Bueno, sé que tengo un problema, pero es que soy así. Quiero decir, mi padre era de esa forma. *Su* padre era de esa forma. De hecho, toda mi familia siempre ha sido así. Es solo que soy así».

Con frecuencia, disculpamos nuestros defectos de carácter al culpar nuestro historial. Participamos en el juego de la culpa. En lugar de asir el desafío de la transformación, escogemos seguir siendo iguales.

Existen dos falsas presunciones detrás de esta idea. En primer lugar, si en el pasado yo era así, debo seguir así en el futuro. La segunda presunción es: mi problema va más allá de lo que Dios puede controlar.

Cuando señalamos el pasado para disculpar nuestro futuro, le decimos a Dios: «Sé que tú creaste la tierra, el sol, las estrellas y seiscientas clases diferentes de escarabajos al mismo tiempo que cumpliste la regla de que ningún copo de nieve sea idéntico a otro. Sé que eres la fuerza más poderosa en el universo. Pero Dios… soy mucho más de lo que puedes controlar. No me pueden cambiar».

Nunca he conocido a alguien que admita una creencia tan pomposa. Sin embargo, sin que lo reconozcan, muchos la creen. La verdad es que Dios tiene el poder para vencer cada una de las fallas de nuestro carácter, conocidas o no.

2. «*Todo el mundo lo hace*».

Presunción: *Si todo el mundo lo hace, Dios no lo toma tan a pecho.*
«Pero yo no era el único».
«Todos los abogados lo hacen así».
«Pero si todos declaran sus impuestos de esa manera».
«El hombre que me pasó iba más rápido que yo».

La misma mentira se halla detrás de cada una de estas oraciones. Cuando nos sorprenden haciendo algo malo, a menudo caemos en esa excusa aun subconscientemente. Cuando intentamos justificar nuestras acciones al compararnos con los otros, manifestamos una presunción muy alarmante: cuando el pecado se comete con desenfreno, Dios se vuelve más tolerante. Mientras más pecado exista, más lo tolera Dios. Si hay suficientes personas que no cumplen la norma absoluta de Dios en torno al bien y al mal, entonces él cambia el sistema de evaluación a una escala de cálculo y todos se evalúan según la curva.

En lo más profundo, la mayoría de nosotros entiende que la santidad de Dios jamás permitiría una cosa semejante. Sin embargo, cuando expresamos la excusa de que «todos lo hacen», utilizamos la creencia de que la cantidad de participantes en el pecado impacta la severidad del pecado. Durante un breve momento, una falsa premisa controla nuestro pensamiento, y nuestra conducta se alinea con nuestro pensamiento.

3. *«Lo puedo controlar».*

«¿Qué daño podría hacer? Puedo controlarlo». Esta es otra oración sutil pero perjudicial. Aquí la mentira consiste en que si tú no puedes ver el daño en un asunto, quizá este no sea perjudicial. Adoptar esta creencia equivale a decir: «Tengo la suficiente capacidad para discernir lo que es bueno para mí. No necesito otras opiniones».

Por supuesto, tú no dirías eso abiertamente ya que cualquiera puede ver la falacia de tal aseveración. Pero cuando la encontramos en formas más sutiles, con frecuencia nos pasa inadvertida y creemos en la mentira.

4. *«Una vez al año no hace daño».*

Otras oraciones que podrían indicar que tú crees en una mentira son las siguientes:

«Solo lo probaré una vez».

«Es solo una fiesta».

«Usualmente no hago esto, pero una vez no me hará daño».

Detrás de cada una de estas oraciones está la creencia de que no hay consecuencias para los pecados que se cometen solo una vez. Esto implica que solo hay consecuencias para los pecados repetidos o habituales.

Esta mentira es particularmente devastadora por su sutileza. Es probable que tú tengas ciertas metas que esperas alcanzar en la vida y, en el camino, enfrentarás muchas tentaciones para desviarte del mismo. Algunas tentaciones serán obvias, mientras que otras te parecerán inofensivas. Esta mentira sugiere que ciertas tangentes son solamente un alto en el camino. Por ende, los efectos inmediatos de los pecados de «una sola vez» pueden ser mínimos. Sin embargo, cada hábito tiene una primera vez. Cada desvío comienza con un pequeño ajuste del trayecto. Una vez al año *sí* te hará daño.

5. *«Nadie lo sabrá».*

Otra mentira común se halla detrás del argumento: «nadie lo sabrá». Esta es la mentira que atrapa a los hombres de negocio que viajan solos. Es la mentira cuyo blanco son los adolescentes que se quedan solos en casa mientras sus padres están de viaje.

Superficialmente, esta mentira obvia el hecho de que nadie está solo jamás. Y, debajo de la superficie, esta oración presume que en tanto que ciertas personas no descubren nuestro pecado, el peso de las ventajas supera el peso de las consecuencias. Afirma que la norma de Dios en torno al bien y al mal es relativa, y que solo se aplica cuando otra persona nos observa. Sugiere que el único costo del compromiso es el costo que nos imponen aquellos que nos conocen y esperan que seamos responsables.

Al igual que muchas de las otras mentiras que creemos, esta implica que los efectos negativos, si es que los hay, son temporales. Indica la creencia de que el único precio real del pecado es la vergüenza y el fastidio cuando alguien te descubre. Pero mientras nadie sepa nada al respecto… ¡no hay problema!

6. «Pero es que estoy enamorado».

Las mentiras más difíciles de neutralizar son las ligadas a nuestras emociones. Los sentimientos que se asocian con las mentiras pueden ser tan abrumadores que, a menudo, preferimos creer en las mentiras que sufrir las consecuencias. En el calor del momento, tenemos la sensación de que no nos importa que sea una mentira o no. Pero tarde o temprano las emociones pasan. Y cuando pasan, con frecuencia miramos hacia atrás y nos preguntamos: *¿En qué estaba pensando?*

Las emociones son temporales. Las consecuencias pueden durar toda una vida.

Cuando alguien justifica el pecado basándose en el amor, hay un serio problema en las creencias. El amor es la antítesis del pecado. Justificar el pecado con una persona porque la amas es completamente ilógico. Introducir el pecado en una relación es equivalente a sembrar las semillas mismas de la destrucción de esa relación. Tendría más sentido decir: «Sé que no debimos mudarnos juntos, odio esta relación, ¡quiero que termine en dolor, pesar y remordimiento!»

La lujuria es una buena racionalización para el pecado. El amor no lo es. El meollo de esta aseveración asume que: *el amor es más importante que la obediencia*. Es decir, en la jerarquía de las cosas cuando hay que elegir entre el amor o la obediencia, el amor gana. Pero el amor hacia otra persona nunca debería tomar la prioridad de la obediencia a Dios. Lo cierto es que la obediencia a Dios mejorará tu habilidad para amar a los demás.

ENCONTRAR LAS MENTIRAS

Además de examinar lo que decimos, existen otros tres medios que podemos usar para descubrir las presunciones falsas.

Examina de cerca las áreas de tu vida en las que eres demasiado sensible. Si existen temas, nombres o recuerdos que te generan ansiedad, podría haber una mentira oculta en la superficie. Si tus reacciones a ciertas situaciones o ciertos temas de conversación son exageradas, esto podría indicar una falsa creencia.

He conversado con esposos que se sentían como si caminaran sobre carbones encendidos por la sensibilidad de sus esposas ante ciertos temas. Por lo general, este es un buen indicador de que hay un área que necesita evaluación. En algunas familias hay temas que las esposas y los hijos evitan mencionar delante de papá ya que su reacción sería exagerada. Por lo general, eso significa que hay áreas que deben explorarse, áreas en las que alguien debería preguntar: «Dios, ¿he creído en una mentira? ¿He caído en la trampa?»

Examina tus más fuertes tentaciones. Las tentaciones siempre están encubiertas y fundadas en mentiras, es la mentira lo que las hace llamativas. Las falsas presunciones hacen que cualquier tentación parezca que vale la pena entretenerse con ella por el momento. Analiza tus tentaciones. ¿Cuál es exactamente la atracción? ¿Cuál es la promesa del pecado? ¿Qué tipo de gimnasia mental utilizas para justificarlo? Piensa en las conversaciones que mantienes contigo mismo cuando te convences de hacer algo que tú sabes que es incorrecto. Descubrirás una serie de cosas que sabes que no son ciertas. Pero mientras que las mentiras no se expongan, la aplicación de la verdad no trae mucho beneficio.

Examina las áreas en las cuales tienes temores excesivos. Por supuesto, cierto nivel de temor puede ser saludable. Es prudente evitar peligros innecesarios. Sin embargo, los temores excesivos son aquellos que no se basan en la realidad. Tú conoces los hechos reales pero, de todas formas, tienes miedo. El temor es, a menudo, una señal de que creemos en una mentira.

Una manera para detectar las falsas presunciones detrás de los temores es el juego que yo llamo *¿Y si?*

Una señora dice:

—Tengo miedo de que mi esposo me abandone.

Yo le respondo:

—¿Y si él lo hiciera? ¿Qué pasaría?

—Estaría sola.

—Si usted estuviera sola, ¿qué pasaría?

—No estoy segura.

—Entonces, ¿a qué le tiene miedo exactamente?

—Supongo que tengo miedo de no poder hacerle frente a la soledad.

—¿Ha estado sola alguna vez?

—Sí.

—¿Cómo se enfrentó a la soledad en ese entonces?

—Me fue bien.

—Es probable que, si su esposo la abandona, le irá bien.

La mujer pensaba que tenía miedo de lo que su esposo podía hacer. En realidad, tenía miedo de lo que ella haría si su esposo la abandonaba. Después de descubrir eso, identificó una falsa presunción. Esta era: «No puedo hacerle frente a la soledad». Este no era, para nada, el caso.

Una vez que fue capaz de señalar la fuente de su temor, pudo lidiar con él. En este caso en particular, la mujer pudo superar ciertos patrones de conducta que realmente alejaban a su esposo. Su temor al abandono la hacía asfixiar a su esposo. Él sentía que su esposa no confiaba en él cuando, de hecho, ella no confiaba en sí misma.

La renovación es un proceso que consta de dos partes. Comienza con la identificación de las mentiras y las falsas presunciones que alimentan nuestras actitudes y acciones. Este no es un paso cómodo. Puede ser amenazante. Pero, al final, es liberador. Tómate un tiempo para evaluar tus excusas. Analiza tus tentaciones. Examina tus temores. Pídele al Espíritu Santo que te revele las mentiras que te impiden proseguir la búsqueda del cambio.

Dios está obrando en ti. Su meta es la semejanza de Cristo. Su método es la renovación. Si tú das pasos para renovar tu mente, estás trabajando mano a mano con tu Padre celestial. Y él ha prometido completar lo que empezó.

Capítulo nueve

VESTIRSE DE LO NUEVO

El que estaba sentado en el trono dijo:
«¡Yo hago nuevas todas las cosas!»

APOCALIPSIS 21:5

Despojarse de lo viejo es solo la primera parte del proceso de renovación. Debemos estar interesados en descubrir las mentiras en las que creemos y ese mismo interés es el que debemos tener para crear un plan que reemplace esas mentiras con la verdad. El cambio duradero depende de ambas partes del proceso.

«Vestirse de lo nuevo» inicia donde termina «despojarse de lo viejo». Cuando los científicos crean una vacuna, deben tomar la misma enfermedad como punto de partida. De igual manera, para neutralizar las mentiras que nos esclavizan, comenzamos con las mismas mentiras. Usamos las mentiras como nuestro mapa de ruta, o planos, para que estas nos lleven a la verdad específica en las Escrituras que luego incorporaremos al fundamento de nuestras nuevas creencias. Y *específica* es la palabra clave en lo que respecta a vestirse de lo nuevo.

Una vez que tú identificas un error en tu sistema de creencias, el siguiente paso es encontrar la contraparte, la verdad. Esto significa encontrar las verdades específicas de la Palabra de Dios que se oponen a las mentiras específicas que te han dicho. La meta es prepararte por tu cuenta hasta lograr tener esas Escrituras en la punta de la lengua. Entonces, al caminar por la vida y enfrentarte con esas mentiras, estarás listo para oponerte a ellas.

Ese es el proceso de renovación de la mente.

Es oponerse a las mentiras con la verdad.

EXCAVA UN POCO MÁS PROFUNDO

Vestirse de lo nuevo a menudo incluye acercarse a la Biblia de una forma diferente. El hallazgo de las verdades bíblicas que se aplican a tu situación en particular requerirá esfuerzo. Y eso significa ir más allá de un acercamiento devocionario a las Escrituras. Podría significar comenzar, por primera vez, a abrir tu Biblia diariamente. Nunca renovarás tu mente con tan solo leer un par de páginas de un libro de devocionarios y hacer una oración. La renovación de tu mente requiere más que la simple lectura de la Biblia en un año, contestar las preguntas del estudio bíblico o completar una guía de trabajo.

Los estudios bíblicos y otros programas pueden ser herramientas espirituales magníficas, pero también nos pueden dar un falso sentido de seguridad. Si no tenemos cuidado, contemplaremos todos nuestros libros, cursos de estudios y casetes y llegaremos a la conclusión de que estamos haciendo todo lo posible para convertirnos en hombres y mujeres de carácter.

Estoy de acuerdo con los libros, casetes y estudios, pero son muchos los creyentes «doctos» que he visto arruinar sus vidas por cuestiones de carácter. Si el conocimiento fuera la respuesta a la madurez espiritual, todos deberíamos inscribirnos en el seminario. El conocimiento no siempre da por resultado una mente renovada. El conocimiento tiende a engrandecernos y darnos un sentido falso de espiritualidad. Satanás sabe mucho sobre Dios. ¡Cuánto bien *le* hizo!

Dios desea renovar tu mente con la verdad y no simplemente llenarla con datos. La renovación depende de las verdades específicas que son apropiadas para los asuntos específicos del carácter en nuestras vidas. Debemos identificar y lidiar con las barreras que bloquean y estorban nuestro progreso hacia el carácter. Por consecuencia, tu búsqueda del carácter te llevará más allá de un acercamiento devocionario a las Escrituras. La renovación requerirá que excaves por tí mismo en busca de las verdades bíblicas específicas que se oponen a las mentiras específicas en las que has creído.

Cristo, inmediatamente después de su bautismo, demostró este proceso de una forma dramática. Es una narración conocida, una que los predicadores y maestros usan para ilustrar cualquier cosa debajo del sol. Pero, más que cualquier otra cosa, nos ilustra el sorprendente poder de la verdad.

La historia se halla en el evangelio según Mateo.

Jesús había ayunado durante cuarenta días. *Cuarenta días.* Más de un *mes* sin comida. Imagínate la condición en la que se encontraba. En ese estado debilitado, Satanás llegó a Jesús con tres propuestas tentadoras, cada una envuelta en una falsa presunción.

Jesús, siendo Dios, pudo haber visto a Satanás y haberle dicho algo como esto: «¿Has olvidado con quién estás hablando? ¡Yo te creé! Sal de mi montaña. Incluso, sal de mi planeta».

No obstante, en lugar de eso, Jesús aprovechó la oportunidad para modelarnos la respuesta apropiada a la tentación y las mentiras, las cuales son los actores secundarios de la tentación.

Luego el Espíritu llevó a Jesús al desierto para que el diablo lo sometiera a tentación. Después de ayunar cuarenta días y cuarenta noches, tuvo hambre.

El tentador se le acercó y le propuso:

—Si eres el Hijo de Dios, ordena a estas piedras que se conviertan en pan.

Jesús le respondió:

—Escrito está: "No sólo de pan vive el hombre, sino de toda palabra que sale de la boca de Dios".

Luego el diablo lo llevó a la ciudad santa e hizo que se pusiera de pie sobre la parte más alta del templo, y le dijo:

—Si eres el Hijo de Dios, tírate abajo. Porque escrito está: "Ordenará a sus ángeles que te sostengan en sus manos, para que no tropieces con ninguna piedra".

—También está escrito: "No pongas a prueba al Señor tu Dios" —le contestó Jesús.

De nuevo lo tentó el diablo, llevándolo a una montaña muy alta, y le mostró todos los reinos del mundo y su esplendor.

—Todo esto te daré si te postras y me adoras.

—¡Vete, Satanás! —le dijo Jesús—. Porque escrito está: "Adora al Señor tu Dios y sírvele solamente a él".

MATEO 4:1-10.

PRIMERA RONDA

En la primera ronda, Satanás apela al agotado estado físico de Jesús y le sugiere que realice una tarea aparentemente inofensiva: convertir las piedras en pan. Superficialmente, esto ni siquiera parece ser una tentación. No había ninguna prohibición judía en contra de la conversión de piedras en pan. En verdad, a Jesús no le importó convertir el agua en vino. Así que, ¿cuál era el problema?

El problema era que el Padre había llevado a Jesús al desierto. No estaba ahí voluntariamente. Seguía instrucciones. Y, en apariencia, sus instrucciones incluían ayunar hasta que se le notificara lo contrario. La tentación era anteponer sus legítimas preocupaciones físicas a su fidelidad al Padre. ¿Le parece familiar? ¿No está eso incluido en el núcleo de casi cualquier tentación que encontramos?

En esa sugerencia inocente se ocultaba una gran mentira. Es decir, la satisfacción de su hambre era más importante que la devoción al Padre. No obstante, Jesús advirtió la mentira y respondió apropiadamente.

Como mencioné antes, Jesús pudo haber respondido de diferentes maneras. Pudo haber dicho: «Mira, Satanás, no solo podría convertir esa piedra en un pedazo de pan, ¡sino también podría convertirte *a ti* en un pedazo de pan! Así que voy a contar hasta tres»...

Por el contrario, las primeras palabras que salieron de la boca de Jesús fueron: «Escrito está»...

Las primeras palabras no fueron: «yo pienso»... o «realmente no debía hacer eso»... o «no hay nada malo con eso»... Las primeras palabras de la boca de Jesús fueron palabras de verdad dirigidas a la mentira específica que se ocultaba en esa tentación. En este caso, Jesús tomó una verdad específica del libro de Deuteronomio que expuso lo que era la mentira de Satanás. Él dijo: «No sólo de pan vive el hombre, sino de toda palabra que sale de la boca de Dios». Es decir, «La vida no se trata de comer sino de serle fiel a mi Padre».

Satanás tentó a Jesús para que este cambiara su comunión íntegra con el Padre por el alimento físico, pero Jesús reconoció lo que estaba en peligro. El asunto no eran las piedras ni el hambre. El asunto era la lealtad.

Ese es nuestro ejemplo. La verdad por las mentiras.

Y esto genera una pregunta desafiante: ¿Has llenado tu mente con suficientes declaraciones «escrito está» como para estar preparado para combatir las mentiras que enfrentas a diario? Cuando el mundo te miente sobre lo que es importante, ¿tienes a la mano una respuesta tomada de la Palabra de Dios? Cuando el mundo te dice que tienes que ser delgada para que te amen o que necesitas cierta cantidad de dinero para que te respeten, ¿sabes qué decir? ¿Está tu mente tan llena de las verdades de «escrito está» que tan pronto como escuchas una mentira puedes responder con la verdad rápidamente? Si no es así, entonces es tiempo de comenzar a trabajar.

Si el Hijo de Dios sintió que era necesario responder a las mentiras específicas de Satanás con verdades específicas, ¿qué nos dice eso a nosotros? Si alguien pudo haber vencido a Satanás mediante una aguda fuerza de voluntad, ese era Jesús. Si alguien pudo haber echado mano a sus reservas de fuerza personal y victoria experimentada, ese era Jesús. Si alguien pudo haber involucrado a Satanás en la batalla del ingenio y la lógica, ese era Jesús.

Pero, en su lugar, él echó mano a la verdad.

Y la verdad fue suficiente.

SEGUNDA RONDA

Pero Satanás no había terminado. Se atrevió a entrar al cuadrilátero por segunda vez. Llevó a Jesús a la parte más alta del templo y le ofreció la oportunidad de probarse a sí mismo ante los que estaban abajo. Y, por si tú no lo sabías, Satanás usó las Escrituras para respaldar su petición, como quien dice: «Bien, yo también puedo seguir ese jueguito». No dejes de lado el significado de este detalle. Satanás conoce bien las Escrituras. Pero el conocimiento no es suficiente.

Una vez más, había una mentira que alimentaba esa inofensiva petición. Digo «inofensiva» ya que Jesús realizó varios milagros, como se narra en los evangelios, para validar su mensaje e identidad. ¿Qué daño causaría otro milagro? Aquí el problema no era tanto la *petición* sino quién la hacía.

La mentira consistía en lo siguiente: «Jesús, tienes la autoridad para hacer algo por tu cuenta, ¿no es así? Ya eres grande. Para variar, haz algo por tu cuenta. No habrá problema. Además, siempre estás haciendo esta clase de cosas».

Pero Jesús era un hombre bajo autoridad. En otra ocasión lo dejó claro al decir: «Ciertamente les aseguro que el hijo no puede hacer nada por su propia cuenta, sino solamente lo que ve que su padre hace, porque cualquier cosa que hace el padre, la hace también el hijo» (Juan 5:19).

Satanás lo sabía. Es por eso que apeló a la promesa de provisión del Padre como si fuera un señuelo para atraer a Jesús por su cuenta. Pero fíjate en lo que Jesús hace. En lugar de enredarse en un debate teológico sobre el verdadero significado del pasaje que Satanás citó, él simplemente coloca otro «escrito está».

«También está escrito: "No pongas a prueba al Señor tu Dios"».

Jesús expuso la mentira y la contradijo con la verdad. Esa es la renovación en su punto culminante. Va más allá del ámbito de un estudio bíblico o una rutina devocional. Detrás de todo está la pasión por el carácter. Una pasión tan fuerte que alimenta una disciplina más profunda y una devoción por la Palabra de Dios. Y el resultado es una mayor comprensión de todo el consejo de Dios.

La relación con las Escrituras a este nivel sensibiliza nuestra conciencia ante las mentiras, las medias verdades, el uso impropio de las Escrituras y la mala interpretación de los sucesos. Llenar tu corazón con las verdades específicas de la Palabra de Dios te prepara para el asalto diario del error. Te capacita para reconocer las mentiras asociadas con las tentaciones que continuamente te lancen en tu dirección.

LA RONDA FINAL

Desesperado y tirado contra las cuerdas del cuadrilátero, Satanás buscó un golpe para noquear a Jesús. Lo llevó a una montaña alta y le ofreció el control inmediato de todos los reinos del mundo. Todo lo que tenía que hacer era postrarse durante un breve momento y adorarlo.

Satanás le ofreció un atajo a Jesús. En efecto, Satanás decía:

«Bien, Jesús, haré un trato contigo. Sé que viniste a la tierra para redimir a las personas de este mundo. Pero tú sabes que en estos momentos el mundo es mi reino. Te cambiaré lo que tú quieres por lo que yo quiero. Te cambiaré los reinos de este mundo por un momento de tu devoción. Puedes actuar como el Señor de las naciones, y yo seré Dios. De esta manera, no tendrás que esperar. Puedes tenerlo todo ahora mismo».

Aparentemente, Satanás tenía la autoridad para darle a Jesús los reinos de este mundo. Jesús nunca le cuestionó eso. Lo que Satanás le pedía a Jesús que hiciera era que desbaratara sus valores.

Entonces, ¿cuál era la mentira? La mentira era que la redención de este mundo tenía un valor superior a la devoción al Padre. Ambas cosas eran importantes, pero una tomaría la precedencia de la otra. Y así, Jesús le respondió apropiadamente. Una vez más lo hizo según las Escrituras.

Jesús le dijo: «¡Vete, Satanás! Porque escrito está: "Adorarás al Señor tu Dios, y a él sólo servirás"».

Satanás le ofreció algo bueno. Jesús optó por lo *mejor*. Vio la falacia en la lógica de Satanás. Reconoció la mentira escondida detrás de la oferta del poder. Y la expuso con la verdad específica de la Palabra de Dios.

LISTO PARA LA BATALLA

¿Qué tan preparado estás tú para combatir las mentiras con las que te enfrentas a diario? Cuando te ofrecen atajos, ¿tienes listo un «escrito está»? ¿Saltan las respuestas en tu cabeza y se deslizan por tu lengua? ¿O se tropiezan ante esas confrontaciones? «Bueno, vamos a ver, "Porque de tal manera amó Dios al mundo"… No, no, espera. "En paz me acostaré y así mismo dormiré"… No, ese no es…»

Es probable que en el camino hayas memorizado algunos versículos. Pero, ¿estás preparado con las verdades específicas que necesitas para combatir las mentiras específicas que encuentras? ¿Qué dices cuando la tentación te ve cara a cara? ¿Qué tal están esas áreas en las que eres extremadamente sensible? ¿O esas situaciones que te azotan con temor en tu corazón? ¿Qué dices entonces?

Todos sabemos algunos versículos generales sobre el amor de Dios, la tentación, el pecado y el temor. Pero, ¿tienes preparado un versículo específico para esas áreas en las que estás constantemente bajo ataque? Así es como se liberan los hombres y las mujeres. Así es como se ponen en libertad para alcanzar su potencial en Cristo.

Capítulo diez

EL MOMENTO DEL ENSAMBLE

*A los justos los guía su integridad;
a los falsos los destruye su hipocresía.*

PROVERBIOS 11:3

C omo hemos visto, la transformación del carácter requiere la renovación de la mente, y la renovación es un estilo de vida. Por lo tanto, se requieren nuevos hábitos. Al principio, esto puede parecer antinatural. Cada vez que intentamos algo nuevo, de alguna forma esto genera incomodidad y una sensación que intimida. ¿Recuerdas la primera vez que conectaste una computadora? ¿Qué me dices de tu primer beso? Remóntate a tu primera vez detrás del volante. ¿Cómo fue tu primera experiencia al levantar pesas o acoplarte a tu clase de aeróbicos?

Después de mi primera clase aeróbica de *steps*, un amigo y yo nos acercamos al instructor. Había alrededor de noventa personas en la clase, así que yo deseaba que él supiera que tenía algunos principiantes. Me presenté y le dije que esa era mi primera clase. Sonrió y me dijo: «lo sé».

Cuando comiences a aplicar los principios de la renovación en tu vida, tal vez sientas que todo esto es demasiado inventado para ofrecer algún beneficio espiritual auténtico. Después de todo, no debía ser tan complicado convertirse en una persona de carácter, ¿verdad? ¿No debíamos mejorar simplemente porque así lo deseemos?

Bueno, realmente, no. Cuando tú tomas en consideración el mundo en que vivimos, las familias en las que nos criamos, el dolor que hemos experimentado y nuestra propensión al pecado, hay mucha inercia negativa que debemos vencer. Nuestra tendencia natural se inclina al egoísmo, no a la semejanza a Cristo. Esperar que tú vayas a flotar sin ningún esfuerzo hacia la semejanza de Cristo es equivalente a creer que podrías flotar sin ningún esfuerzo en contra de la corriente del río Colorado, eso no va a suceder.

La buena noticia es que solamente se necesitarán una o dos experiencias positivas con la renovación para que te convenzas de que vale la pena. Aprender a manejar una bicicleta es casi siempre una experiencia dolorosa. Las rodillas y los codos cargan las marcas del valor y la determinación. Ah, pero esa experiencia inicial de la libertad —ese primer vuelo independiente de 18 ó 25 metros de distancia— es suficiente para convencer a cualquier niño de que el esfuerzo (y el dolor) al final, valdrá la pena.

En las siguientes páginas te daré cuatro consejos prácticos para ayudarte a «vestirte de lo nuevo». Recuerda, la meta de este paso es oponerte eficientemente a las mentiras específicas que se infiltraron en tu sistema de creencias.

1. DI LA VERDAD EN VOZ ALTA

A menudo me preguntan: «¿Puede el maligno leer nuestras mentes?» No lo creo. Yo no puedo leer la mente de nadie, pero con frecuencia puedo adivinar lo que alguien está pensando. Mientras más conozcas a alguien, más fácil te será predecir sus pensamientos y acciones, así como *ejercer influencia* en sus pensamientos y acciones. El diablo no necesita ser capaz de leer nuestras mentes para ejercer influencia en lo que pensamos.

Por esa razón, es importante que digamos en voz alta las verdades de la Palabra de Dios. Jesús sintió necesario decir en voz alta: «Escrito está». No vio al diablo y meditó. No intentó quedársele mirando. Jesús dijo la verdad en voz alta: «Escrito está…» Sería sabio que hiciéramos lo mismo.

Tal vez te sientas extraño la primera vez que trates de hacerlo. Pero hazlo de todas maneras. No es una cuestión de volumen. No tienes que gritar. Solo dílo.

Sucede algo poderoso cuando verbalizamos la verdad frente a la tentación o el desánimo. La verdad es poderosa. La verdad nos lleva más allá del reino de la interpretación y la presunción hasta el reino de la realidad. La verdad toma nuestras emociones y las subyuga a lo que es real.

Nuestros sentimientos son excelentes seguidores, pero también son terribles líderes.

Esta es la razón por la cual los Salmos son tan poderosos. Ahí encontramos la interpretación humana de David ante los sucesos y las circunstancias de su entorno. Ahí hallamos todas las emociones que esperamos que alguien en su situación sintiera. Luego leemos cómo David sometió sus pensamientos y temores a la prueba de la verdad. Pero es importante notar que él no estaba contento con hacer de esto un ejercicio mental. Como músico, David experimentó el poder de la verdad verbalizada. Al verbalizar su batalla interna, ganaba perspectiva y fuerza —llevaba su batalla del mundo interno de la subjetividad al reino de la realidad objetiva. Por supuesto, sus enemigos lo rodeaban. Sí, había momentos en que todo parecía perdido. Sin embargo, en medio de todo eso, David escribe:

Pero yo le cantaré a tu poder,
   y por la mañana alabaré tu amor;
porque tú eres mi protector,

mi refugio en momentos de angustia.
A ti, fortaleza mía, te cantaré salmos,
    pues tú, oh Dios, eres mi protector.
¡Tú eres el Dios que me ama!

SALMOS 59:16-17

Verbalizar la verdad cambia tus emociones. La verdad nos libera para sentirnos *apropiadamente*, arroja una reveladora luz de la realidad sobre las emociones que suscitan las mentiras, los malos entendidos y las interpretaciones incorrectas de las circunstancias. Es difícil ser honesto cuando se siente *miedo* del resultado. Es difícil ser responsable cuando te *preocupa* que alguien deje de respetarte. Es difícil de mantener la pureza si *sientes* que tus acciones no tienen consecuencias.

Pero la palabra hablada tiene una forma de neutralizar los sentimientos engañosos. La verdad desinfla las acrecentadas emociones que nos empujan hacia direcciones autodestructivas. Hablar la verdad provee la perspectiva necesaria para nuestra alma angustiada.

Sandra y yo tenemos una amiga que se crió en un hogar destructivo donde casi nunca recibió aceptación verbal. Sin duda, su autoestima necesitaba una reparación. Cuando tenía unos cuarenta años nuestra amiga se hizo creyente y lentamente comenzó a aceptar el hecho de que su Padre celestial en realidad la aceptaba y la amaba. Tristemente esta mujer trabajaba en un ambiente que reforzaba lo que había escuchado al crecer. Todo era negativo. La hacían sentir como si fuera incapaz de hacer algo bien. No la elogiaban, no le mostraban agradecimiento. Solamente reproches y quejas.

Intentamos ayudarla para que encontrara otro trabajo pero no tuvimos éxito. Con el tiempo se resignó a creer que Dios la había puesto en ese lugar por alguna razón. Una vez que aceptó los hechos, comenzó a buscar la manera de lidiar con la crítica. Le sugerí que pensara en lo que decían de ella en el trabajo para asegurarse de que no hubiera algo que pudiera hacer para mejorar las relaciones con sus compañeros de oficina. Se le ocurrieron algunas ideas, pero no cambió nada de importancia. Después, le pedí que escribiera los mensajes emocionales que sus compañeros le enviaban. Un mensaje emocional es lo que *sentimos* que alguien dice sobre nosotros. Esta es la lista de mi amiga:

«Tú no vales».

«Eres incompetente».

«Eres estúpida».

Cada día estaba lleno de rechazo. Agrégale a esto las cicatrices de su pasado y te podrás imaginar el estado emocional en el que esta mujer se encontraba. Sin embargo, una vez que ella fue capaz de identificar y aislar los mensajes emocionales específicos que recibía, supo de inmediato que eran mentiras. Era lo suficientemente madura en su fe para saber que no era inútil. Estaba muy bien preparada para su trabajo, así que sabía que no era incompetente. Y, para comenzar, de haber sido estúpida, nunca habría obtenido su trabajo.

Darse cuenta de que todos esos mensajes eran mentiras fue provechoso. Pero no fue suficiente. Después, nuestra amiga fue a las Escrituras para excavar un puñado de verdades que podía ocupar para oponerse a los mensajes indignos de confianza que recibía en dosis diarias. He aquí una muestra de los versículos que ella escogió:

Pero Dios demuestra su amor por nosotros en esto: en que cuando todavía éramos pecadores, Cristo murió por nosotros.

ROMANOS 5:8

Fueron comprados por un precio. Por tanto, honren con su cuerpo a Dios.

I CORINTIOS 6:20

Por lo tanto, ya no hay ninguna condenación para los que están unidos a Cristo Jesús.

ROMANOS 8:1

¡Te alabo porque soy una creación admirable! ¡Tus obras son maravillosas, y esto lo sé muy bien!

SALMOS 139:14

En el transcurso del día, ella decía estos versículos en voz alta, aunque entre dientes.

Cada vez que querían hacerla sentir sin valor, ella decía: *He sido comprada por un precio.* Cada vez que querían hacerla sentir estúpida, ella decía: *Soy una creación admirable.* Cuando la sensación de rechazo emanaba en ella, decía: *Cuando todavía era pecadora, Cristo murió por mí.*

Esta fue su rutina diaria durante tres años. En su ambiente laboral nada cambió. Nadie mostró aprecio por el carácter y la paciencia de esta mujer. Pero cuando finalmente Dios le permitió salir de ahí, ella era una persona diferente. Mientras la escuchaba comentar los detalles de lo que sucedía en su oficina, a menudo me preguntaba cómo habría respondido yo ante tanta crítica. No creo que podría haber sobrevivido. Esta mujer sería la primera en decirle que fue solo a través de la renovación constante que pudo sobrevivir —y prosperar. Este es el poder de la verdad hablada.

2. PERSONALICE LA VERDAD

Esta estrategia para la renovación implica citar las verdades de las Escrituras en primera persona. Por ejemplo, una de mis metas en la vida para mi carácter es la pureza. Todos los días recibo un mensaje emocional que me hace sentir como si no tuviera otra opción sino albergar cualquier pensamiento impuro que venga a mi mente. El pasaje que me he comprometido a memorizar para oponerme a esos sentimientos proviene de la carta de Pablo a la iglesia en Corinto:

> Destruimos argumentos y toda altivez que se levanta contra el conocimiento de Dios, y llevamos cautivo todo pensamiento para que se someta a Cristo.
>
> 2 CORINTIOS 10:5

Cuando cito este versículo, lo pongo en primera persona: «Destruyo argumentos y toda altivez que se levanta contra el conocimiento de Dios, y llevo cautivo todo pensamiento para que se someta a Cristo».

Este es un versículo poderoso. El término *argumento* es como una especulación que se puede aplicar a la frase «Me pregunto: ¿qué tal si…?» frase que nuestra mente está propensa a usar.

Me pregunto: ¿qué tal si me casara con él?

Me pregunto: ¿qué tal si probara uno de esos?

Me pregunto: ¿qué tal si viera eso?

Me pregunto: ¿qué tal si…?

Otro versículo en mi arsenal de la pureza se halla en la carta de Pablo a la iglesia en Roma: «Por tanto, hermanos, tenemos una obligación, pero no es la de vivir conforme a la naturaleza pecaminosa» (Romanos 8:12).

Una vez más, cuando cito este versículo, lo pongo en primera persona: «Tengo una obligación, pero no es la de vivir conforme a la naturaleza pecaminosa».

3. ORA Y UTILIZA LA VERDAD

La tercera forma para «vestirse de lo nuevo» es incorporar las verdades recogidas en tus oraciones. La lealtad es otra de mis metas en la vida para mi carácter, especialmente en lo que respecta a mis amigos. Uno de mis versículos para lograr la lealtad se enfoca en lo que yo digo sobre otras personas:

> Eviten toda conversación obscena. Por el contrario, que sus palabras contribuyan a la necesaria edificación y sean de bendición para quienes escuchan.
>
> Efesios 4:29

A menudo oro: «Señor, este día mi deseo es que ninguna palabra obscena proceda de mi boca. Que cada palabra que yo diga contribuya a la necesaria edificación y sea de bendición para quienes escuchan».

Cuando tú empiezas a incorporar estas verdades a tus oraciones, le expresas a Dios tu aceptación de la verdad. Albergas la verdad en la presencia de Dios. Tus oraciones se vuelven una expresión audible de tu acuerdo con el plan de Dios para tu carácter.

4. Medita en la verdad

Esto es algo que mi padre me enseñó a hacer cuando yo era muy joven. No es algo que él me sugirió que hiciera, sino algo de lo que durante años le escuché hablar. Mi padre solía decir: «Andy, la última cosa en la que pienso antes de irme a dormir en la noche es la verdad». El escogía un versículo o una parte de un versículo y lo repasaba en su mente una y otra vez hasta que se dormía.

El rey David también hacía de esta práctica una parte de su ritual nocturno: «En mi lecho me acuerdo de ti; pienso en ti toda la noche» (Salmos 63:6).

En los Salmos, David menciona el hábito de la meditación:

> Dichoso el hombre que no sigue el consejo de los malvados,
>   ni se detiene en la senda de los pecadores
> ni cultiva la amistad de los blasfemos,

sino que en la ley del Señor se deleita,
y día y noche medita en ella.

SALMOS 1:1-2

¿Meditar durante el día? Si tú eres como yo, ¡no dispones de mucho tiempo para sentarte y meditar en nada! Aparte del momento en que me voy a dormir, el único tiempo estable que tengo para meditar es mientras conduzco el carro. Escribo mis versículos para memorizar y meditar en pequeñas tarjetas que luego coloco en el tablero del vehículo. Este ha sido mi hábito durante once años. He memorizado docenas de versículos mientras manejo por la carretera. Algunos de los pensamientos más provechosos son el resultado de la memorización y la meditación dentro del carro.

UN LUGAR PARA COMENZAR

Estas ideas no pretenden ser un capítulo sobre «Los cuatro pasos para una vida cristiana exitosa». Estas cuatro sugerencias no son pasos a tomar. Son hábitos a desarrollar, y esto implica un proceso.

Comienza por desarrollar tu arsenal de versículos y luego, memorízalos. Quizá pienses en este momento: *yo no puedo memorizar las Escrituras.* ¿Adivina qué? Acabas de tropezar con una gran mentira que se interpone entre tú y el carácter que deseas tener. «Yo no puedo memorizar las Escrituras» es una mentira tan común (y tan absurda) que tal vez hayas pensado que todos la reconocimos como tal desde hace mucho tiempo.

¡Por supuesto que puedes memorizar las Escrituras! Puedes memorizar cualquier cosa que desees memorizar. De hecho, tú has memorizado muchas cosas que nunca planeaste memorizar. Todas las veces que doy vueltas por la casa me lo paso cantando el tema de Barney. Tú enciendes la radio, escuchas una parte de una canción y ahí vas —cantando la letra que nunca te sentaste ni te esforzaste para memorizar.

El problema no es tu habilidad ni tu capacidad para la memorización. El problema es la *prioridad* que le hemos asignado a la memorización de las Escrituras. Es cierto, no es la tarea más sencilla
que asumiremos, pero puede ser una de las más importantes. Si vas
a vestirte de lo nuevo, necesitas tener algo nuevo que ponerte.

Jesús recalcó la importancia de tener algo nuevo que ponerse.
Explicó el proceso de la renovación de esta manera: «Si se mantienen fieles a mis enseñanzas, serán realmente mis discípulos; y cono-
cerán la verdad, y la verdad los hará libres» (Juan 8:31-32).

Existe una ecuación en este pasaje que es muy simple y aun así
muy profunda:

Sumergirse en Mis enseñanzas + Descubrir la verdad = Ser libre

La palabra *mantener,* o quedarse, es la traducción de una palabra griega que significa *permanecer.* Se utiliza en otros sitios para re-
ferirse a una ubicación geográfica específica. Por ejemplo: «Después de esto Jesús bajó a Capernaúm con su madre, sus hermanos y
sus discípulos, y se quedaron allí unos días» (Juan 2:12).

El punto de Jesús en Juan 8:32 es que sus seguidores debían quedarse o permanecer en su Palabra. De la misma manera en que ani-
maríamos a alguien que está a dieta para que «permanezca en ella»,
así Jesús nos exhorta: «No se rindan. No se cansen. Y no se desvíen.
¡Manténganse en mi Palabra!»

Si permanecemos en su Palabra, conoceremos la verdad. Ahora, esto difiere de «oír» la verdad o que nos «cuenten» la verdad. No
creo que Jesús se refería al conocimiento general que uno tenga de
la Biblia. Él no nos promete que nos volveremos más inteligentes.
Él nos promete libertad. Y la libertad llega cuando las verdades específicas de su Palabra arrojan una luz reveladora sobre las mentiras que respaldan nuestras actitudes y emociones.

Por supuesto, Jesús hablaba de una libertad interna —ser libera-
dos en el interior. La libertad a la que se refería no depende de las

circunstancias. Él no hablaba de la liberación del gobierno roma-
no. No hablaba de ser libertado de la prisión. Él hablaba de una libertad *interna*. Prometía la libertad para llegar a ser todo lo que
Dios planeó que tú seas. La libertad de ser moldeados y conforma-
dos a la imagen de Cristo.

Mantenerte en su Palabra y descubrir la verdad quitan los obstáculos existentes entre tú y el desarrollo de tu carácter. La verdad
prepara el camino para el progreso.

Cuando andaba por mis veinte años de edad, me llamó la atención notar que tenía el hábito de mentir respecto a estar involucrado en los deportes durante mi tiempo en la escuela secundaria.
Cuando las personas me preguntaban si había participado en cualquier deporte en la escuela, siempre decía: «Sí, corría por la pista y
jugaba fútbol». Técnicamente, eso era cierto. Mientras estaba en la
escuela secundaria, corría por la pista y jugaba fútbol, pero lo que
no decía era que ambas actividades ocurrían durante mi clase de
educación física. Nunca fui parte del equipo de fútbol ni de pista
en Tucker High.

Ahora bien, cada vez que decía esa mentira, me sentía terriblemente mal. Pero no podía sostenerle la mirada a alguien y decirle:
«No, nunca participé en ningún deporte de equipo». Esto sucedió
durante años. Me prometía a mí mismo que no lo haría de nuevo,
pero mentía una y otra vez.

Por fin, durante mi tercer año en el seminario, algo sucedió que
me forzó a lidiar con esta falta en mi carácter. Un día, en la iglesia,
un amigo se me acercó para decirme que tenía buenas noticias. Me
dijo que podía hacer que me designaran como el capellán del equipo de fútbol americano de la Universidad Metodista del Sur.

El corazón se me hundió dentro de mis calcetines. Mi amigo estaba contentísimo con esa maravillosa oportunidad que había encontrado para mí. Pero yo me sentía con ganas de vomitar. Entonces supe que tenía un problema real. Supe que había una conexión
entre mis labios mentirosos y mis rodillas temblorosas.

Después de casi una semana de búsqueda real en mi alma, llegué a la raíz de mi problema: yo creía en una mentira. En algún punto del camino comencé a creer que para ser un hombre real, respetado y valioso, tenía que haber logrado algo en términos atléticos.

Las mentiras bien establecidas son poderosas. Si las permitimos, pueden dirigir nuestro rumbo durante toda una vida. Cuando me di cuenta de lo que había sucedido, me dediqué a reemplazar esas mentiras con la verdad. En un corto tiempo me liberé. Los atletas ya no me intimidaban, y ya no me sentía obligado a mentir sobre mis logros atléticos. No pasó mucho tiempo antes de que pudiera reírme de mi falta de destreza atlética. Años después me invitaron a un servicio de capilla ante los Hawks de Atlanta. Recuerdo que caminé por el salón lleno de gigantes y pensé: *Hemos andado un largo trayecto, ¿verdad, Señor?*

Tu parte y la parte de Dios

Dios usará una serie de elementos para moldear tu carácter. En la mayoría de los casos tu única responsabilidad será confiar en él y permanecer fiel. La renovación es la excepción. El principio de la renovación nos permite ser proactivos en nuestra búsqueda del carácter. Nos da un lugar donde comenzar. La renovación es nuestra manera de trabajar al lado del Espíritu Santo en sus esfuerzos para conformar nuestro carácter al del Señor Jesús.

Tú sabes en qué te quieres convertir. Ya has sacado a flote algunas de las mentiras que obstaculizan tu camino. Espero que hayas comenzado a elaborar una lista de versículos que comuniquen las verdades en las que necesitas enfocarte. Ahora, comienza a citarlos en voz alta. Personalízalos. Ora mediante ellos. Apaga la radio y empieza a meditar en ellos. Al final, ya no serás conformado a este mundo. Serás transformado.

Capítulo once

ASUNTOS INCOMPLETOS

En la política, como en la vida, es mejor ser un esqueleto en la
tumba que tener uno guardado en el clóset.

ANÓNIMO

l dirigir nuestros pensamientos hacia el futuro, la idea de *convertirse* en un hombre o una mujer de carácter nos permite retirar nuestra mirada de lo que somos en este momento y enfocarnos en lo que esperamos convertirnos. De repente el cambio parece ser una posibilidad real. Así que fijamos nuestra mirada en el mañana con la intención de dejar el pasado atrás.

Por desgracia, no es tan simple. En realidad, no podemos dejar el pasado atrás mientras que no lidiemos con el asunto incompleto del pasado. «Espere un momento», protestas, «convertirse en un hombre o en una mujer de carácter tiene que ver con el futuro, ¿verdad? Tiene que ver con lo que yo haga de ahora en adelante, ¿no es así? Husmear en el pasado no aporta ningún beneficio».

No obstante, desarrollar el carácter no es simplemente una cuestión de cambiar la manera de comportarse y pensar en el tiempo presente. También implica asumir la responsabilidad de cómo te comportaste en el pasado. En algún punto de tu camino, Dios te pedirá que retrocedas y asumas la responsabilidad de tu pasado. Relaciones con problemas sin resolver, deudas olvidadas, disculpas que nunca se dieron —son cosas que Dios nos pedirá que atendamos. Es probable que tú hayas dicho algo que desearías nunca haber dicho, pero lo hiciste y jamás te disculpaste al respecto. Todos tenemos personas en nuestro pasado a quienes hemos herido u ofendido. Muchas de ellas aún tienen abiertas las heridas —heridas que una disculpa sincera ayudaría a curar.

Una parte del proceso de convertirse en un hombre o en una mujer de carácter implica retroceder y asumir la responsabilidad de nuestra conducta pasada. Con frecuencia, ir hacia adelante significa ir hacia atrás.

«Espere», tú dices, «Dios me ha perdonado. En Cristo, todas las cosas son hechas nuevas. Soy una nueva criatura. Dios me dio un nuevo comienzo. Ni siquiera era cristiano cuando hice esas cosas». Quizá pienses: *Sí, entonces ya era cristiano, pero no tenía mayor conocimiento. Además, eso sucedió hace mucho tiempo.*

Sí, Dios ha hecho nuevas todas las cosas. Pero eso, de ninguna manera, nos libera de la responsabilidad de enmendar el error para con las personas que hemos maltratado. El carácter presume el valor y la fe para hacerlo.

¡DETÉN EL SERVICIO!

La importancia de lidiar con nuestro pasado es uno de los temas de Jesús en su sermón más famoso, el Sermón del Monte. En este discurso público Jesús desafía los principios más importantes del sistema de creencias de su audiencia. Una por una, Jesús ataca sus malas concepciones sobre Dios, la adoración y hasta su ley.

Y es en este pasaje que hallamos las instrucciones para lidiar con nuestro pasado. Lo que Jesús dice en torno a enmendar el error puede parecerle chocante al lector moderno, pero fue aun más desconcertante para sus contemporáneos:

Por lo tanto, si estás presentando tu ofrenda en el altar y allí recuerdas que tu hermano tiene algo contra ti, deja tu ofrenda allí delante del altar. Ve primero y reconcíliate con tu hermano; luego vuelve y presenta tu ofrenda.

MATEO 5:23-24.

Me imagino que alguno de los oyentes de Jesús pensaría: *¡Eso no puede ser! He caminado hasta el templo. He hecho fila durante medio día. He soportado todos los inconvenientes para hallar un sacrificio aceptable. ¿Y tú dices que debo irme? ¿Dios desea que ate mi cordero o le entregue a alguien la paloma que compré solo para hacer las pases con alguien que está enojado conmigo?*

Este era un territorio nuevo. Peor que nuevo, era un inconveniente terrible. Además, no tenía mucho sentido. Los creyentes judíos de esa época creían que su relación con Dios era la prioridad fundamental. Presumían que Dios estaba más interesado en que los adoradores hicieran las pases con él que en que estos hicieran las pases con otra persona.

Quizá tú te sientas de la misma manera. Después de todo, ¿no debemos poner a Dios en el primer lugar de nuestras vidas? ¿No se espera que *él* sea nuestra prioridad? Ciertamente, debemos preocuparnos por nuestra relación con los demás, pero seguramente ¡eso puede esperar hasta que se termine el servicio en la iglesia!

Pero Jesús se presenta en su manera característica y revierte todo. En efecto, él dice que nuestra relación con el Padre celestial *gira* alrededor de nuestras relaciones con las demás personas. Ambas relaciones son inseparables. Parece que esto implica que nuestra habilidad para adorarlo con sinceridad, en comunión y sin vergüenza depende de nuestra relación con los demás —incluyendo a aquellos a quienes hemos ofendido o herido de alguna manera.

La verdad es que tú no puedes resolver tus diferencias con el Padre si no estás dispuesto a resolver tus diferencias con los demás.

No puedes tener comunión con el Padre si no tienes comunión con los demás. Las dos cosas van de la mano.

UN NUEVO MANDAMIENTO

La pregunta que urge hacerse es esta: «¿Por qué Dios no nos puede perdonar y simplemente dejar que sigamos nuestro camino?» La respuesta a esto se halla en una declaración que Jesús les hizo a sus discípulos durante sus últimos momentos en la tierra: «Este mandamiento nuevo les doy: que se amen los unos a los otros. Así como yo los he amado, también ustedes deben amarse los unos a los otros» (Juan 13:34).

¿Te acuerdas de lo que sucedió cuando un grupo de líderes judíos le preguntó a Jesús cuál mandamiento era el más importante de toda la ley judía? Jesús dijo que toda la ley podía resumirse en dos oraciones: «Ama al Señor tu Dios con todo tu corazón, con toda tu alma, con toda tu mente y con todas tus fuerzas. El segundo es: Ama a tu prójimo como a ti mismo. No hay otro mandamiento más importante que éstos» (Marcos 12:30-31).

El lado práctico del carácter tiene que ver con amar a los demás. La fe cristiana se construye sobre la premisa de *poner en primer lugar a los demás*. Después de todo, así es como las personas sabrán que somos cristianos; es el amor de los unos por los otros. La herramienta evangelizadora más grande que tenemos es el amor. El amor por los demás creyentes y el amor por quienes están afuera de la fe.

Es imposible estar bien con Dios y por otra parte olvidar este importante mandamiento. Hay insinceridad en un hombre o en una mujer que repetidamente le dice a Dios cuánto lo ama pero se rehúsa a obedecerlo. Amar a Dios es guardar sus mandamientos, y él nos ha mandado a amar. Tú no puedes amar a Dios con todo tu corazón y no amar a tu prójimo; las dos cosas son inseparables. Y, a propósito, esto no se limita a amar a nuestros amigos y vecinos.

Jesús fue más allá para decirnos que amemos a nuestros enemigos (ver Lucas 6:27).

Esto es sin considerar que el tipo de amor del que Jesús habla no tiene nada que ver con cómo nos *sentimos*. Después de todo, realmente no se puede esperar que sintamos amor hacia un enemigo. Este es un tipo de amor basado en «hacer» cosas que beneficien a nuestros enemigos. La cuestión es cómo tratamos a nuestro prójimo... y cómo tratamos a nuestro enemigo. Estamos llamados a decir y hacer cosas que demuestren el amor. Cuando no lo hacemos, eso afecta nuestra comunión con el Padre.

LA GRACIA MAL APLICADA

En parte, nuestra confusión en esta área proviene de una mala aplicación de la gracia. Cuando tú te hiciste cristiano, viste cara a cara la gracia incondicional e inmerecida de Dios. Si tú eres como yo, debe haberte parecido estremecedor darte cuenta de que no podías hacer nada para obtener el perdón o la salvación. Era un regalo. Punto. Nada de lo que tú has hecho tiene mérito. Tus buenas obras no tenían mérito ni podrían otorgarte una buena posición delante de Dios.

Ahora bien, eso es cierto en tu relación con Dios. Pero no es así en tu relación con las demás personas. Dios te ha perdonado, pero quizá aquellos a quienes tú le hiciste algún daño no te han perdonado. De hecho, pueden estar presos de la amargura o el enojo por lo que tú les hiciste. Nos engañamos a nosotros mismos si creemos que todos los que alguna vez dañamos simplemente nos perdonaron y siguieron con sus vidas. Claro, eso es lo que debían haber hecho. Pero si siempre hiciéramos lo que debemos hacer, ¡el perdón ni siquiera sería un tema a considerar!

También nos engañamos a nosotros mismos si creemos que no tenemos la responsabilidad de restituir el daño causado. La gracia que se derramó en nosotros cuando recibimos la salvación no nos brindó una puerta de escape de nuestra responsabilidad hacia los demás. Al contrario, la misma gracia nos debe impeler para restituir los daños que hemos causado. Cristo pagó una deuda que él no debía y una que nosotros no podíamos pagar. Ese tipo de amor nos debería motivar para restituir aquellas deudas que sí podemos pagar.

La paga de nuestro pecado, en referencia al cielo y al infierno, se realizó para todos de una vez y para siempre. Las consecuencias de nuestros pecados son un asunto totalmente diferente. Nos distanciamos de la clara enseñanza de las Escrituras si usamos el perdón como una excusa para evitar el dolor y la vergüenza de reconciliarnos con otras personas. Es cierto que nunca podrás pagarle a Dios todo lo que él ha hecho por ti. Sin embargo, tú puedes pagarle a tu prójimo por lo que le hiciste a *él*.

Al parecer, nadie ha comprendido este concepto más rápida y completamente que Zaqueo. Por lo general nos imaginamos una figura pintoresca cuando pensamos en Zaqueo, el recaudador de impuestos cuya historia se narra en Lucas 19. Este fue el hombre «de baja estatura» que se subió a un árbol porque no podía ver a Jesús a causa de la multitud. Pero Zaqueo había sido un hombre malvado que perjudicó a muchas personas. Sin embargo, el día en que Jesús se invitó a sí mismo para comer en la casa de Zaqueo, la vida del pequeño recaudador de impuestos cambió para siempre. Jesús lo amaba a pesar de su pasado malvado, y para Zaqueo todo fue «borrón y cuenta nueva».

El encuentro con Jesús lo impactó tanto que Zaqueo decidió darle la mitad de sus bienes a los pobres. Y esto era solo el comienzo. Luego dijo: «Restituiré a todo aquel al que yo le haya robado. Y no solo les devolveré el dinero que he robado, sino que también les daré cuatro veces la cantidad tomada».

¿Acaso dijo Jesús: «¡Oh, no, no, no, Zaqueo! Tú estás perdonado. Mira, las cosas viejas pasaron. He aquí todas son hechas nuevas. Solo necesitas seguir adelante. No tienes por qué preocuparte del pasado»?

No, en lugar de eso, Jesús aceptó la decisión de Zaqueo de asumir la responsabilidad de lo que había hecho en el pasado. Zaqueo entendió que seguir a Cristo no solo tenía que ver con el *ahora* o solo con el futuro. También implicaba asumir la responsabilidad de su pasado.

SEGUIR ADELANTE

Como ves, el carácter cristiano puede incluir un viaje por el carril de la memoria. Puede significar regresar a fin de seguir hacia adelante. De cuando en cuando tu Padre celestial pudiera requerirte que dejes tu ofrenda y vayas a resolver una relación sin solucionar. Quizá tengas que hacer una o dos incómodas llamadas telefónicas, hacer una cita con alguien o escribir una carta que hace mucho tiempo debiste redactar.

Ahora bien, presumo que este no sea tu capítulo favorito. Quizá adquiriste este libro para hallar verdades y principios que te ayudaran a dejar el pasado donde pertenece, a tu espalda. La noción de excavar en el pasado es suficiente para que prefieras leer el periódico o ver algún programa de televisión, aunque espero que no lo hagas. Espero que le permitas a Dios terminar lo que ha comenzado en ti —aunque sea doloroso.

Reconciliarse con las relaciones y restituirse son las cosas que hacen los hombres y las mujeres de carácter. Son señales de madurez espiritual y seguridad personal. Claro, es inconveniente. Sí, es vergonzoso. Con frecuencia hasta es humillante. Pero recuerda: tu Salvador sufrió en una cruz romana una muerte dolorosa, inconveniente y terriblemente humillante por los pecados pasados y futuros que él ni siquiera cometió. Él asumió la responsabilidad de todos los pecados del mundo entero. Murió para que tú y yo pudiéramos reconciliarnos con el Padre.

Seamos sinceros, a la sombra de la cruz todas nuestras excusas, nuestro afán por controlar las circunstancias y las justificaciones carecen de valor. Realmente no tenemos ninguna excusa. La muerte reconciliadora de Jesús fue por nuestro bien, y las instrucciones que nos da respecto a nuestra responsabilidad de reconciliarnos con los demás es por nuestro bien. Decirle «no» ahora es resistirte al amor de Aquel que mostró de forma inequívoca que tiene en mente lo mejor para tu vida.

Quizá tú tengas un ex esposo o una ex esposa que constantemente le echa leña al fuego en cuanto a los mismos asuntos, la mayoría de los cuales son historia antigua en tu mente. Pero mientras escuchas, tú sabes que uno de esos asuntos realmente es de tu incumbencia, en parte tú eres culpable del mismo. Y tal vez es algo que nunca confesaste.

Puede ser que al salir de tu antiguo trabajo tomaras algunas cosas que no te pertenecían y justificaste esa acción por el maltrato que experimentaste ahí. O quizá tuviste un compañero de trabajo a quien un día le dijiste cosas desagradables porque no pudiste contener tu temperamento y todos los que te escucharon saben que tú eres cristiano. Pero nunca pediste perdón.

Estas son las cosas que probablemente tu Padre te traerá a colación, no para condenarte ni para hacerte sentir culpable. No, su propósito es darte la oportunidad de hacer lo correcto, aunque sea algo costoso o difícil de hacer. Después de todo, esa es la naturaleza del carácter.

Por supuesto, tú no estás obligado a cumplir. Dios no te pondrá un collar en el cuello ni te arrastrará para que te sometas. Siempre hay alternativas. Pero existen fuertes consecuencias relacionadas con la desobediencia en esta área.

CONSECUENCIAS

No obedecer los llamados de Dios para reconciliarte con alguien tiene un impacto automático en la sinceridad de tu adoración y servicio. Tú estás encubriendo algo. Has puesto una señal que indica que un área de tu vida está «fuera de los límites». No puedes retener un área de tu vida y adorar a Dios con sinceridad. No puedes ser el tipo de adorador que él busca si te rehúsas a lidiar con los asuntos de la reconciliación y restitución de la relación perjudicada.

La adoración insincera da por resultado un cambio sutil que va de una relación a un ritual. Hará los ademanes porque eso es lo que se espera que debe hacer. Sin embargo, hará falta algo. Cuando ponemos la señal de «prohibido entrar», nuestra adoración y nuestro servicio se vuelven superficiales. Reemplazamos la comunión por la actividad, la rutina y la asistencia.

En un momento dado la negativa de lidiar con nuestro pasado también impactará nuestras relaciones actuales y futuras. A cada rato lo veo en la vida de las personas que se casan por segunda vez. Cuando un hombre o una mujer se compromete en un nuevo matrimonio sin haber confesado su parte de culpa en el fracaso de su matrimonio anterior, siempre hay un precio que pagar.

La intimidad siempre sale a relucir en este escenario. Los conflictos sin resolver en las relaciones impactan nuestra habilidad para experimentar la intimidad genuina y nuestra tendencia es culpar el problema de la relación actual en lugar de asumir la responsabilidad de las relaciones pasadas.

La culpa de las relaciones sin resolver anteriormente a menudo se entremete en las relaciones actuales. Cuando dejamos pasar los años y nos rehusamos a asumir la responsabilidad de algo en nuestro pasado, con frecuencia nos desconectamos emocionalmente. Esa desconexión crea una pared entre nosotros y aquellos que más amamos.

Si albergamos el pecado, de continuo debemos cubrirnos a nosotros mismos. Nuestro subconsciente siempre está trabajando para encubrir y, a la vez, evitar las personas o las situaciones que puedan descubrirnos. Después de todo, ¿qué pasaría si las personas lo supieran? ¿Qué pasaría si lo descubren? Por eso nos escondemos.

Y las paredes protectoras que elaboramos para encerrar nuestro pasado, dejan a los demás afuera. Trágicamente, a menudo son las personas que más amamos las que sienten todo el peso de nuestro aislamiento.

«UNA VEZ TUVE UN AMIGO CRISTIANO»

Una de las consecuencias principales de dejar un asunto pasado incompleto es que esto representa negativamente a Dios ante aquellos que no son creyentes. Muchos inconversos han elegido quedarse en esa condición debido a que conocían, hacían negocios o vivían cerca de cristianos. Esa experiencia les dejó un sabor amargo en la boca.

Cuando un creyente daña de algún modo a un inconverso y nunca regresa para asumir la responsabilidad de su conducta, las consecuencias pueden tener ramificaciones eternas. He conocido a docenas de incrédulos que están prestos a excusar su falta de fe por culpa de sus relaciones con un cristiano. Aunque esas historias son, por lo general, cortinas de humo de asuntos diferentes, es vergonzoso que existan esas historias.

La reconciliación no se limita a nuestros hermanos y hermanas en la fe. Tal vez hasta sea más importante aplicar esta enseñanza a aquellos que *no* están en la fe. Pedir perdón y reconciliar las relaciones es el corazón del evangelio. Qué mejor manera de demostrar e ilustrar nuestro mensaje.

Pero quizá la peor consecuencia de nuestra falta de disposición para confesar y asumir nuestra responsabilidad es que a menudo esto alimenta las llamas de la amargura y el enojo en la vida de otra persona. Para muchos que han sido lastimados y cuyas almas están llenas de la furia autodestructiva del enojo, una palabra de disculpa o reconocimiento de culpa podría liberarlos.

Todo lo que necesitarían para liberarse de las fuerzas erosivas de la amargura es que aquel que los dañó se acercara y rectificara su error. Necesitarían escuchar: «Sé que nunca podría compensarte a cabalidad. Sé que no puedo hacer que esto deje de existir, pero estoy aquí para decirte que soy responsable y que lo siento. Y que si hay algo que pueda hacer al respecto, estoy dispuesto a hacerlo».

VIRA AL REVÉS LA SITUACIÓN

Si deseas saber cuánto impacto podría tener el hecho de pedir perdón, vira al revés la situación. Solo imagínate cómo te sentirías si recibieras una visita sorpresiva de alguien de tu pasado que te haya lastimado y nunca haya rectificado su error. Piensa durante un momento en alguien que te hirió profundamente y nunca se te acercó para pedirte perdón. ¿Cómo te sentirías si ese individuo entrara, se sentara y asumiera la responsabilidad total de lo que hizo?

Tal vez fuera tu papá quien llamara para decirte: «Sé que nunca podré compensarte por lo que, como padre, yo te hice. Pero quiero que sepas que lo siento. ¿Me perdonarías?» Podría ser tu ex jefe o un empleado que renunció y luego puso tu nombre por el suelo ante otros en la industria. Podría ser alguien a quien siempre has evitado por lo mucho que te hizo enojar. ¿Cómo te afectaría que ese hombre o esa mujer te buscara y se disculpara?

No en balde Dios nos llamó a asumir la responsabilidad de nuestro pasado. Hacer esto trae sanidad y entereza a las almas heridas. Piénsalo: si alguien que tú conoces tuviera el potencial y se rehusara a ejercerlo simplemente porque es incómodo y vergonzoso, ¿qué pensarías de esa negativa? ¿No reflejaría la pobreza de… carácter de esa persona?

El perdón de Dios no te exime de ejercitar tu responsabilidad. Por el contrario, tu perdón es *la* razón para tomar a pecho la responsabilidad. Dios pagó un precio alto para que te volvieras a reconciliar con él. Y ahora él te está llamando para que pagues el precio de reconciliarte con los demás.

Hace varios años tuve que predicar por mi papá mientras que él estaba fuera de la ciudad. Y de todos los temas de los cuales podía predicar, hablé sobre no tener culpa. Recuerdo que dije algo como esto: «Si verdaderamente usted no tiene culpa, entonces puede pararse ante cualquier escrutinio. El presidente podría pedirle que asumiera el cargo de fiscal general, y usted pasaría por todas las audiencias de confirmación sin ningún problema ya que su historial estaría limpio». Y precisamente al decir eso, fue como si Dios me golpeara atrás de la cabeza y me hiciera recordar una relación con un problema sin resolver. En realidad, no era la primera vez que él me recordaba ese incidente en particular. Casi cada tres o cuatro meses recibía un recordatorio sutil. Pero este recordatorio no fue sutil. Por poco pierdo el hilo del pensamiento en mitad del sermón. Recuerdo que pensé: *Señor, ¡este no es el momento!*

Logré terminar el sermón y me fui a la oficina de mi papá para realizar mi oración acostumbrada ante Dios y así sacármelo de arriba. Y, como de costumbre, la sensación de culpabilidad se alejó. Pero no durante mucho tiempo.

Uno días más tarde, durante mi tiempo de meditación, me sentí imposibilitado de orar. Solo podía pensar en un hombre con quien Dios deseaba que yo arreglara las cosas. Intenté resistirme. Finalmente dije: «Bien, Dios, tú me has perdonado. Ahora, quisiera orar por Sandra y los niños»… Pero eso no funcionó. Era como si Dios me dijera: «Andy, no eres inocente. Estás escondiendo algo». Y recuerdo que pensé: *Pero esto es complicado, ocurrió hace tanto tiempo y quizá ahora no tenga la menor importancia…* Así seguí y seguí durante un rato. Pero la impresión era tan intensa. Por fin llegué a la conclusión de que sería mucho más fácil lidiar con eso que continuar discutienco con Dios.

Así que me subí al carro sin la menor idea de lo que iba a hacer. Solamente tenía que arreglar las cosas con ese hombre y su familia. Decidí manejar hacia su casa. Pero me pasé de su casa. Y me volví a pasar. Me tomó mucho tiempo armarme de valor y detenerme. No puedo recordar otro momento en mi vida adulta en que algo me hiciera sentir tan nervioso. No sabía si ese hombre estaba enojado o si pensaba que yo estaba loco. Tal vez él llamaría a la policía.

Finalmente me estacioné frente a su casa, caminé hacia la puerta y toqué el timbre —esperando que nadie atendiera. Pero el hombre llegó a la puerta y me miró con los ojos más confusos que tú te puedas imaginar. Con justa razón. Yo nunca había ido a su casa. Nunca fuimos amigos cercanos. Y hacía años que no lo veía.

«¿Andy? ¿Qué haces aquí tan lejos? Entra». Yo me estaba muriendo. Él ni tan siquiera se imaginaba por qué yo estaba ahí, lo cual significaba que no sabía lo que yo había hecho. De lo contrario, me habría sacado de su propiedad —o por lo menos eso era lo que yo pensaba.

Tan pronto me senté, dije sin pensar: «He venido a disculparme». Y él se quedó mirándome. Todavía no sabía de qué se trataba. Así que se lo repetí. En primer lugar porque tenía miedo de que si no comenzaba a hablar, perdería el valor. Le dije lo que había hecho. Y le dije lo mucho que lo sentía. Él seguía mirándome. Creo que me habría sentido cien por ciento mejor si él se hubiera parado y me hubiera golpeado hasta tirarme al otro lado de la sala. Realmente me lo merecía. Así que le dije eso también. En mi mente estaba totalmente justificada cualquier respuesta que proviniera de él.

Cuando terminé, él se sonrió y me dijo: «¿Sabes?, me parecía que eras tú».

Ahora bien, tú debes entender que yo cargué esto durante años. Y en todo ese tiempo esta persona tenía la corazonada de que yo estaba detrás de un incidente que le causó mucho dolor y muchos gastos. Hasta el día de mi muerte recordaré lo que ese caballero me dijo al final de nuestra conversación. Me miró y me dijo: «Andy, esto me hace sentir bien en todo mi ser». Vi el alivio en sus ojos. El proceso de sanidad estaba completo. Todos lloramos mucho y me fui.

Es posible que tú tengas la última pieza de un rompecabezas que durante mucho tiempo alguna persona en este mundo ha intentado completar. Ese individuo ha intentado perdonar —ha intentado superar lo que sucedió. Pero la confesión de tu responsabilidad puede ser la clave que realmente le permita a ese hombre o a esa mujer seguir adelante en la vida. Aunque este no sea el caso, Jesús dijo: «Ve primero y reconcíliate con tu hermano».

El carácter tiene tanto que ver con el pasado como con el presente y el futuro. Tus relaciones anteriores arrojan una sombra ineludible sobre tu comunión con el Padre. Antes de dar otro paso en la dirección de Dios, tal vez tú necesites dar un paso de reconciliación hacia otra persona. Quizá ha llegado el tiempo de que hagas esa llamada telefónica, escribas esa carta o visites a un viejo conocido. Y debes saber que al dar ese paso de fe y humildad, estarás abriendo la puerta que conduce a la sanidad tanto para ti como para la persona a la que lastimaste. Tu retroceso puede ser lo que te permita a ti y a otras personas liberarse para seguir adelante.

Capítulo doce

LIBERARSE DEL PASADO

La respuesta correcta puede tomar el recuerdo más doloroso y convertirlo en una bendición. La respuesta incorrecta puede terminar en forma muy destructiva.

DR. CHARLES F. STANLEY

T odo indicaba que París, el hijo del Rey Príamo, había soportado el cerco. Los polvorientos campos de batalla que rodeaban los muros de la ciudad estaban vacíos. Después de varios días de intenso combate, Troya seguía en pie. Al ver que eran incapaces de irrumpir en el perímetro de la defensa de los troyanos, los últimos griegos en retirada se embarcaban a la distancia y se dirigían al mar. Todos los ciudadanos respiraban con alivio.

Cuando los soldados subieron a la fortaleza para hacer el recuento de los daños, sus ojos se fijaron en un extraño objeto que permanecía en las afueras de la entrada de la ciudad. La curiosidad se extendió entre las tropas mientras las personas se amontonaban en las torrecillas y ventanas de los portales para ver lo que parecía ser la figura de un animal grande. Pero, ¿qué significaba?

El Consejo Supremo se reunió para considerar el asunto. Después de deliberar, concluyeron que los derrotados griegos habían dejado el gran caballo de madera como un regalo para simbolizar su rendición total ante un enemigo superior. Era un gesto apropiado, considerando las bajas que Troya había experimentado. La visita de los griegos había acarreado muchos gastos para el ejército troyano y sus ciudadanos; tenían derecho a una forma de restitución. El caballo les pertenecía con justa razón.

Las puertas de la ciudad se abrieron. Se desplegó una guarnición de soldados para hacer rodar el caballo hacia adentro. Su hechura era fina. Las personas se conglomeraban a su alrededor para admirar el artificio de su nuevo trofeo. Podría ser un monumento estatal que conmemorara ese esperado momento de la victoria. Una gran celebración se desató dentro de los seguros muros de la ciudad. Las personas bailaron y celebraron hasta entrada la noche, cuando el cansancio trajo un sueño tranquilo a la ciudad.

Entonces, bajo la protección de la noche, el complot se reveló. En el silencio de la madrugada, el caballo de madera despertó a la vida. Debajo de la criatura se abrió una puerta secreta. Lentamente, una cabeza humana se asomó. No había moros en la costa. Uno por uno, una escuadra de soldados griegos emergió del interior del caballo y desapareció entre las sombras de Troya. Cada uno tomó su posición asignada y se alistó para el ataque. Mientras tanto, toda la flota griega regresaba en silencio y, una vez más, con toda su fuerza el ejército griego rodeó la ciudad sin que esta sospechara nada. A la señal, los soldados escondidos tiraron las puertas de la ciudad y los griegos marcharon sin resistencia. Una gran matanza sobrevino. Se llevaron en cautiverio a muchas mujeres troyanas, incluyendo a las de la familia real. Troya estaba arruinada. El mismo caballo que se había erguido como su monumento de la victoria ahora se convirtió en el instrumento de su derrota.

La conspiración para conquistar tu corazón

Un caballo de Troya está precisamente afuera de la puerta de tu corazón. Su nombre es *amargura*. Es un monumento a cada ataque que tú has soportado de tus prójimos. Es un regalo que te dejaron las personas que te lastimaron. Es un monumento al dolor, la pena y la devastación que te causaron. Representa la deuda que tienen contigo hasta el día en que se haga justicia. Te pertenece con justa razón.

Pero aceptar el regalo es traer la ruina a tu vida. Como puedes ver, hay algo oculto en el caballo. La sensación de justificación que genera es el artificio engañoso del productor hábil. Aunque decorado con la promesa de la reivindicación, es tan solo un señuelo. La celebración es de corta duración. Una vez que se establezca dentro de las paredes de tu corazón, libera a los agentes de destrucción. Su conspiración se revela silenciosamente de adentro hacia afuera. Para convertirte en una persona de carácter, tú debes aprender a reconocer el caballo de Troya de la amargura. Y lo que es más importante, nunca debes abrirle la puerta.

Confesar tu pasado es un paso importante hacia el desarrollo del carácter. Como hemos visto, a fin de mantener una relación honesta y en crecimiento con Dios, tú necesitas asumir la responsabilidad de las personas que has lastimado. *Pero, ¿qué de las personas que te han lastimado?* Es probable que los efectos secundarios de esos intercambios dolorosos creen un obstáculo aun mayor en tu búsqueda del carácter.

Un daño sin resolver abre la puerta de nuestros corazones para que entren las fuerzas destructivas del enojo, el resentimiento y la amargura. Nada retrasa más el crecimiento del carácter como esas tres cosas. Son obstáculos que la dedicación y la determinación no pueden contrarrestar. Son cosas con las que uno debe lidiar, no vivir con ellas.

Y el único remedio es el perdón.

El daño, el rechazo, el abandono y el abuso hacen que nos sinta-mos víctimas. Es la sensación de ser víctima lo que permite que el daño infligido en nosotros se vuelva un obstáculo en nuestra bús-queda de carácter. Las víctimas son impotentes. Las víctimas no tienen el control de sus vidas. Las víctimas están a merced de los de-más. Las víctimas solo pueden reaccionar. Las víctimas son prisio-neras. Una víctima tiene una excusa. Una víctima puede excusar cualquier tipo de conducta. Después de todo, mira cómo lo han tra-tado. Mira lo que ella tiene que soportar. ¿Qué podemos esperar de alguien que ha sufrido de esa forma? Y así, el dolor y el daño crean un muro de excusas y explicaciones imposible de escalar.

Para empeorar las cosas, cada vez más la corriente actual de la psicología atribuye a nuestra cultura la culpa del déficit de carácter en nuestra nación. Los individuos ya no son responsables de sus de-cisiones y conducta porque, según dicen, los individuos no son más que productos secundarios de nuestra sociedad. No pudieron elegir la forma como fueron criados. En consecuencia, no se puede culpar a los individuos por las decisiones que tomen. Como colecti-vidad, nos pueden culpar, pero como individuos, ¡todos somos víctimas!

El mensaje es este: «Está bien que te comportes de la manera en que te comportas. No tienes opción a la luz de tu origen. Para ti, esta conducta es perfectamente aceptable. No tienes ninguna obli-gación de cambiar. Tienes todo el derecho de ser de la forma que eres». Este tipo de pensamiento elimina cualquier incentivo para el cambio. Después de todo, siempre es más fácil quedarse como uno está y elaborar excusas. Las víctimas no desean ser proactivas en cuanto al cambio. En lugar de ello, quieren ser proactivas para ase-gurarse de la persona que las lastimó reciba su merecido. Y así, gas-tamos nuestra energía al contar nuestras tristes historias en lugar de llevar a cabo la tarea de perdonar.

Al hacer esto, abrimos las puertas de nuestros corazones y le damos la bienvenida al caballo de Troya de la amargura. Este se vuelve un monumento. Se yergue como el recordatorio constante de una deuda que alguien aún tiene que pagar.

¿PERDONAR Y OLVIDAR?

Recuerda, tu carácter está siempre mejorando o deteriorándose, se vuelve mejor o peor. Nada contribuye al deterioro del carácter como el daño sin solucionar. La amargura es como un cáncer, ataca cada cosa sana con la que hace contacto. Y así, los defectos de tu carácter, en un momento dado, harán contacto con las relaciones saludables en tu vida.

La amargura no puede contenerse. Siempre se expande. El perdón no es opcional. En cuanto a las relaciones, el perdón es un asunto de vida o muerte.

Entonces, ¿qué es lo que queremos decir aquí? ¿Perdonar y olvidar? De hecho, el verdadero perdón tiene que ver más con recordar que con olvidar. Implica enfrentar el pasado, no suprimirlo.

Cuando tú no eres la víctima, es fácil proponer soluciones paliativas para el dolor que alguien más siente. Y es fácil dar un vistazo rápido a algunos versículos de la Biblia y concluir que la solución es simplemente «perdonar y olvidar». Pero nuestras mentes no tienen la tecla de borrar. Los recuerdos no se mueren con facilidad.

Como pastor, a menudo escucho historias sobre daños, abusos e injusticias. Entiendo la sensación de impotencia que tienen las personas porque alguien en quien confiaban se aprovechó de ellas. En mi corazón, al igual que ellas, a menudo me pregunto: *Dios, ¿cómo pudiste permitir que sucedieran estas cosas?* Me identifico con su deseo de justicia. Retribución. ¡Venganza! Y, a menudo, dudo que lo mejor sea decirles: «Perdone. ¡Simplemente perdone! Deje que esto pase, que sea historia. Siga adelante con su vida». Suena tan insensible. Tan paliativo. Tan trillado. A veces, el perdón parece ser una simplificación tan exagerada. Además, ¿qué tal si las personas están inmersas en una situación en la que sufren rondas continuas de abuso y rechazo? ¿Cuándo es suficiente lo suficiente? ¿Cuántas veces espera Dios que sigamos perdonando a la misma persona por la misma cosa? Tiene que haber un límite —o al menos, eso es lo que nos dice la sabiduría convencional.

Mi indecisión al exhortar a las personas a que perdonen y la pregunta «¿Cuándo es suficiente lo suficiente?» se alimentan de la mala interpretación de la naturaleza del perdón. Es una interpretación que detiene durante años a las personas en su búsqueda del carácter. Tenemos la tendencia de ver el perdón como un regalo para quien nos ofendió —como un beneficio para esa persona. Por esta razón vacilamos al perdonar. ¿Por qué debemos darle algo a una persona que se llevó una pertenencia nuestra? Eso no tiene ningún sentido. Después de todo, *nosotros* somos los agraviados.

Pero, como estamos a punto de ver, el perdón no es un regalo para otra persona. Claro, puede implicar ofrecer el perdón por una ofensa. Pero eso es solo el comienzo. Los efectos del perdón son más profundos. En su mayor parte, es un regalo diseñado para nosotros. *Es algo que nos damos a nosotros mismos.* Ya que cuando tú consideras todo lo que está en riesgo, quien más se beneficia del perdón es quien te lo ofrece, no quien lo recibe.

LAS PREGUNTAS CORRECTAS

No somos la primera generación de creyentes que lucha con la pregunta: «¿Cuándo es suficiente lo suficiente?» No somos los primeros en preguntarnos si el perdón es siempre apropiado. El apóstol Pedro tenía la misma pregunta.

Un día Jesús explicaba cómo lidiar con ciertos asuntos complicados en cuanto a las relaciones. Pedro lo escuchaba atentamente. El diálogo le recordaba algo que ocurría en su propia vida. Aparentemente, Pedro tenía una relación con alguien que de continuo lo ofendía. Él ya había escuchado a Jesús hablar sobre el perdón en otras ocasiones. Entendía su responsabilidad de perdonar. Pero no estaba seguro de qué tan lejos debía ir con este asunto. Así que Pedro apartó a Jesús y le preguntó: «Señor, ¿cuántas veces tengo que perdonar a mi hermano que peca contra mí? ¿Hasta siete veces?» (Mateo 18:21).

En otras palabras, «¿Cuándo es suficiente lo suficiente?» ¿Cuántas veces tengo que perdonar? ¿Es siempre apropiado perdonar? Pedro quería hacer lo correcto. Pero, vamos, todos tenemos nuestros límites. ¿Dónde está la justicia en un sistema en que el perdón se ofreciera de continuo?

A sabiendas de que Jesús esperaba más que el maestro promedio, Pedro apostó a lo que él creía que sería una respuesta generosa. «¿Hasta siete veces?» Pedro estaba comprendiendo. Sin duda, hubo un tiempo en la vida de Pedro en el que habría sugerido dos veces o, posiblemente, una vez. Pero él había estado escuchando. Sabía que la perspectiva de Jesús era diferente a la de los maestros religiosos. Pero en lo referente al perdón, Pedro no comprendía cuán diferente era su perspectiva.

Al preguntar: «¿Cuántas veces tengo que perdonar?», Pedro reveló su mala interpretación sobre la naturaleza del perdón. Como nosotros lo hacemos, Pedro presumía que el perdón beneficia al ofensor. Y como muchos cristianos bien intencionados, Pedro estaba dispuesto a esforzarse, a ser una buena persona. Estaba dispuesto a irse a siete rondas con la misma persona por el mismo asunto. Pero después de eso —o después de otro punto predeterminado —no habría más perdón.

Por supuesto, tú no puedes culpar a Pedro por pensar de esa manera. Después de todo, cuando las personas nos lastiman, cuando nos hacen algo malicioso, queda la sensación de que se llevaron algo que nos pertenecía. Nos robaron. Se endeudaron con nosotros. Crean un déficit en la relación. Es por eso que decimos frases como: «Me *debes* una disculpa» o «me las vas a *pagar*».

Las cosas están desbalanceadas. A fin de alcanzar la justicia, una transacción debe llevarse a cabo para retribuirle con algo a la víctima. Podría ser una disculpa, un favor u otra forma de restitución. Por ejemplo, si alguien se inventa un chisme sobre ti, eso se traduce en el robo de tu buena reputación. Cuando un adulto abusa de un niño, eso equivale a robarse la capacidad futura de ese niño para confiar en los demás. Cuando una esposa le es infiel a su esposo, se roba un segmento de la autoestima de su esposo. Cuando un jefe despide injustamente a un empleado, se roba la estabilidad financiera de ese empleado. Y la lista continúa. Cuando existe un daño, existe un robo. Hay desbalance. Alguien le debe a alguien. ¿Quién pagará esa deuda?

Las personas que han sido asaltadas emocionalmente buscan, por lo general, dos cosas. Primero, desean el reconocimiento y la aceptación de que fueron, en verdad, las víctimas de un crimen. Segundo, quieren que el perpetrador restituya lo que se llevó. Por desgracia, existen problemas relevantes en ambos objetivos. Por lo general, una o ambas metas son inalcanzables. En algunos casos la víctima puede obtener la aceptación pública unánime de que el crimen realmente ocurrió. Pero esto sucede rara vez. Incluso, más extraordinario es que a la víctima se le restituya lo que le robaron. En la mayoría de los casos, lo robado nunca se puede restituir. El perpetrador no lo podría pagar todo aunque así quisiera. Algo se pierde para siempre.

Tú no puedes restituir una relación. No puedes restituir el tiempo perdido. No puedes devolver la reputación de una persona. No hay manera de compensar años de críticas y abandono. La verdad es que nada puede compensar el pasado. Existe un elemento emocional implicado en el daño que no se puede compensar mediante disculpas, promesas o restitución económica. Hasta cierto grado, siempre habrá una deuda pendiente.

La búsqueda de la restitución es vana. No puede llevarse a cabo. Sentarse a esperar una disculpa y una restitución es ponerse a uno mismo como presa del fracaso y más decepción, ya que mientras se espera, las semillas de la amargura echan raíz. Y lo que comienza como un patrón de espera se convierte en un círculo vicioso. Las personas lastimadas que se aferran a su herida, en espera de que se les restituya, siempre lastiman a otras personas. Las víctimas se convierten en victimarios. Le hacemos a los demás lo que otras personas nos hicieron a nosotros. En el camino perdemos el deseo de hacer lo correcto.

El dolor nos pone una emboscada para que nos volvamos egocéntricos. Mientras más intenso sea el dolor, más egocéntricos tendemos a ser. Piensa en la última vez que experimentaste un daño físico severo. ¿En quién se enfocó? ¿Cuál era tu mayor preocupación en ese momento? *Tú mismo.* Esa es la naturaleza del dolor. Es difícil brindarle tu atención a alguien o algo más.

El dolor emocional funciona de la misma manera. Y, al igual que el dolor físico, mientras más intenso sea el dolor emocional, más egocéntricos nos volvemos. El egocentrismo es el archienemigo del carácter. Los hombres y las mujeres de carácter están comprometidos a poner a los *otros* en primer lugar. La Regla de Oro es la norma. Por consecuencia, aferrarse a la herida pone fuera de acción a un hombre o a una mujer en la búsqueda del carácter. Le hace un cortocircuito a todo el proceso.

PROTEGER LAS HERIDAS

Todo el tiempo veo cómo se desarrolla en los matrimonios esta relación de causa y efecto. Una pareja entra a mi oficina, ambos lados están llenos de ira y se quejan de múltiples heridas y ofensas. Así que yo digo: «Bien, esto es fácil. Solo perdónense mutuamente y sigan adelante con sus vidas».

«No es tan fácil», podría decir la esposa. «Él sigue haciéndolo. Me sigue lastimando».

«Bueno, siga perdonándolo», le sugiero.

Exasperada por la simplicidad de mi enfoque, ella podría abrir fuego contra mí. Es entonces que comprendo que hay algo más debajo de la superficie. Cuando una esposa o un esposo se vuelve contra el consejero, esa es una buena señal de que alguien está enojado con una persona que no está presente en la habitación. Es un enojo generalizado que flota libremente y puede derramarse con facilidad en cualquier persona a su alrededor. A menudo, tiene sus raíces en una relación previa.

Tras una investigación adicional, usualmente descubrimos que existen algunas heridas del pasado que aún no se han curado —heridas abiertas con las que el cónyuge de la persona enojada se tropieza. Son heridas tan dolorosas que la parte herida solo puede proteger y cuidar. Con frecuencia descubro que el enojo en la relación ni siquiera estaba dirigido al cónyuge. Este simplemente se puso frente al enojo que estaba orientado hacia alguien más. Alguien del pasado. Alguien que causó una herida que nunca se cuidó ni se curó.

Las personas que se protegen las heridas siempre se inclinan al egocentrismo. Este limita el potencial para dar y recibir amor. Por lo tanto, existe conflicto. Y, una vez más, un asunto relacionado con el perdón se transforma en un asunto relacionado con el carácter.

Las personas afrontan las heridas de maneras diferentes. A nivel personal, tiendo a sentarme y sostener conversaciones imaginarias con las personas con las que estoy enojado. Las conversaciones imaginarias me dan una sensación de poder. No solo puedo escoger con cuidado mis palabras, sino que también logro que la otra persona prepare el camino para lo que yo quiero decir. Siempre me veo bien. En mis conversaciones imaginarias, siempre hay un público que observa cómo destrozo a mi enemigo. Y cuando propino el golpe verbal mortal, todos los que escuchan están en total acuerdo. Es un pasatiempo maravilloso —o al menos estoy tentado a pensar que lo es.

Sin embargo, todo el sistema está lleno de mentiras. Para comenzar, no es mi responsabilidad humillar públicamente a mis enemigos. Se espera que debo amarlos. En segundo lugar, la conversación perfecta con las ocurrencias perfectas y las respuestas agudas realmente no me harían mucho bien. No aliviarían mi enojo. Una vez que todo se haya dicho y hecho, me sentiría de la misma manera. Destrozar a alguien verbalmente no me restituye nada. La deuda seguirá ahí. Quizá me sienta mejor temporalmente por haber descargado en esa persona lo que sentía. Pero él todavía me debe una. Ella todavía me debe una. Y yo todavía estoy enojado.

Hay quienes buscan la satisfacción contando su historia a otras personas. Buscan la aceptación que les ayude a aliviar el dolor. Solo quieren saber que el mundo está de acuerdo en que ellos fueron las víctimas. Algunas personas usarán cualquier oportunidad para contar su historia. Quizá tú asististe a una reunión de grupo pequeño donde los participantes expresan sus peticiones de oración y parece que siempre hay una persona que no puede esperar a descargar una historia personal. La lastimaron. Ella está enojada y quiere que se haga justicia. A la siguiente semana esa persona se sentirá de la misma manera y contará la misma historia, ya que con esto no logra que desaparezca la deuda.

«SETENTA VECES SIETE»

La otra técnica para lidiar con el dolor es reprimirlo. A todos nos han dicho: «no debes sentirte de esa forma». De ahí que muchos cristianos simplemente toman sus emociones y las reprimen dentro de sí. Las niegan del todo.

Este enfoque conduce, por lo general, a la depresión. Esto es casi siempre el resultado del enojo reprimido. Lidiar con el enojo mediante su represión solo lleva a otros problemas —los cuales emergen a la superficie como defectos de carácter. Es difícil estar deprimido y ejercitar el dominio propio. Es casi imposible que una persona deprimida sea amable y gentil. La depresión conduce a una conducta egocéntrica y con razón. Las personas deprimidas se enfrentan al dolor. Cualquiera que sea la razón, la depresión —enojo reprimido— deja sus secuelas en el carácter de la persona.

No sé cómo Pedro acostumbraba a lidiar con sus heridas. No lo veo como el tipo de persona que reprime sus emociones. Y, en verdad, él no actuaba como si estuviese deprimido. De cualquier forma, estaba listo a precisar los límites con alguien más, y quería saber dónde estaba el límite. «¿Cuántas veces tengo que perdonar a mi hermano?», preguntó.

Jesús le dijo: «No te digo que hasta siete veces, sino hasta setenta y siete veces» (Mateo 18:22). Y antes de que Pedro pudiera responder, Jesús continuó y le dijo una de las parábolas más intrigantes del Nuevo Testamento:

Por eso el reino de los cielos se parece a un rey que quiso ajustar cuentas con sus siervos.

Al comenzar a hacerlo, se le presentó uno que le debía miles y miles de monedas de oro.

Como él no tenía con qué pagar, el señor mandó que lo vendieran a él, a su esposa y a sus hijos, y todo lo que tenía, para así saldar la deuda.

El siervo se postró delante de él. «Tenga paciencia conmigo —le rogó —, y se lo pagaré todo».

El señor se compadeció de su siervo, le perdonó la deuda y lo dejó en libertad.

Al salir, aquel siervo se encontró con uno de sus compañeros que le debía cien monedas de plata. Lo agarró por el cuello y comenzó a estrangularlo. «¡Págame lo que me debes!»

Su compañero se postró delante de él. «Ten paciencia conmigo —le rogó —, y te lo pagaré».

Pero él se negó. Más bien fue y lo hizo meter en la cárcel hasta que pagara la deuda.

Cuando los demás siervos vieron lo ocurrido, se

entristecieron mucho y fueron a contarle a su señor todo lo que había sucedido.

Entonces el señor mandó llamar al siervo. «¡Siervo malvado! —le increpó —. Te perdoné toda aquella deuda porque me lo suplicaste.

¿No debías tú también haberte compadecido de tu compañero, así como yo me compadecí de ti?»

Y enojado, su señor lo entregó a los carceleros para que lo torturaran hasta que pagara todo lo que debía.

Así también mi Padre celestial los tratará a ustedes, a menos que cada uno perdone de corazón a su hermano.

MATEO 18:23-35

Imagínate cómo se debió haber sentido Pedro cuando escuchó esa historia. Es muy probable que él buscara una excusa para no perdonar. Quería marcar un límite y luego exigir justicia por su cuenta. Pero cuando Jesús habló, era obvio que se dirigía hacia una dirección diferente.

Al desarrollarse la parábola, se torna claro que Dios es el rey. Y por si tú no lo sabías, ¡Pedro es el siervo malvado! Después de todo, a Pedro se le había perdonado mucho ¡y ahora demandaba la restitución por parte de su propio ofensor! Luego, Jesús termina la parábola con una advertencia severa: «Así también mi Padre celestial los tratará a ustedes, a menos que cada uno perdone de corazón a su hermano». Parafraseando: «si ustedes no perdonan, Dios los atrapará».

Llegado a ese punto, tal vez Pedro se arrepintió de haber formulado la pregunta. Qué cosa tan terrible es decirle esto a alguien que es una víctima. Quizá Pedro pensaba: *¡Espera un minuto! Ya me lastimaron una vez. Yo soy la víctima. ¿Y ahora tú me dices que si no le brindo el perdón a esa persona —el cual no merece— entonces Dios, además, me atrapará?*

No soy la persona más sensible del mundo, pero de ninguna

manera le diré a un hombre o a una mujer que sufre: «Mire, es mejor que perdone ¡sino Dios lo atrapará!» La conclusión de Jesús parece ser casi cruel. Son palabras duras. Y tiendo a pensar, justo a la par suya, «Señor, ¿cómo puedes decir eso? Ya tengo un enemigo. No necesito que tú me amenaces también».

Pero nuestro Padre celestial nos *exige* que brindemos el perdón. Incluso, nos amenaza si no lo hacemos. Y nuestra respuesta negativa a ese tipo de palabras demuestra nuestra ingenuidad respecto a la inmensa fuerza destructiva de la amargura y el resentimiento.

Como padre que soy, expreso mis más severas advertencias al enfrentar las cosas que tienen el potencial de perjudicar a mis hijos. Cuando le digo a mi hijo de dos años que se aleje de la calle, no hablo en un tono de voz calmado, cálido ni atractivo. En esas ocasiones me aseguro de sonar un tanto amenazante. Pero no estoy enojado. No estoy disgustado. Dos cosas ejercen influencia en mi tono de voz: mi amor por mi hijo y mi conocimiento de los autos.

Cuando Jesús mencionó el tema del perdón, dos cosas influenciaban su tono en esa parábola: su amor por sus hijos y su conocimiento de la amargura. Su advertencia es severa porque las consecuencias de no prestarle atención son severas. El enojo no es algo con lo que se puede jugar. No es algo a lo que debemos aferrarnos más allá de lo necesario. No es un trofeo para enseñar. No es una historia para contar. Es veneno para nuestra alma. Rehusarse a perdonar es escoger la autodestrucción.

PASOS PARA EL PERDÓN

Tres cosas deben suceder para que el perdón sea completo. Tengo mis dudas en cuanto a llamarlas *pasos*. Son más como procesos —tres procesos necesarios para que el ciclo del perdón se complete.

Proceso #1: Imputar al ofensor

Si te perjudicaron, te quitaron algo. En primer lugar, cuando perdonas debes identificar qué es exactamente lo que te quitaron o retuvieron. Aquí es donde la mayoría de nosotros fallamos. Sabemos que nos han perjudicado, pero casi nunca identificamos qué esperamos que nos restituyan. No identificamos específicamente lo que nos quitaron. Sabemos lo que la persona hizo, pero no sabemos exactamente qué se llevó.

Cuando no identificamos lo que nos quitaron, actuamos en ademán de perdonar pero no experimentamos alivio alguno. He escuchado esto miles de veces: «¡Pero ya lo perdoné!» Usualmente, esa frase se dice con una energía tan intensa que ¡es obvio que realmente el perdón no haya ocurrido! El perdón generalizado no cura las heridas específicas. Es importante indentificar lo que nos quitaron.

Quizá te culparon por algo que no hiciste. En ese caso, alguien se llevó tu buena reputación o te robó un ascenso en el trabajo o una relación potencial. Tal vez tu padre te abandonó cuando eras un niño. En ese caso, te robó la experiencia de crecer con un padre a tu lado.

Como lo ilustró Jesús en la parábola, el perdón gira en torno a la cancelación de las deudas. La cancelación de la deuda está en el corazón del perdón, pero tú no puedes cancelar por completo una deuda que no has identificado a fondo. Esta es una de las razones principales por las que la gente pide perdón en oración pero sigue albergando el enojo.

Proceso #2: Retirar los cargos

Luego de identificar con exactitud lo que te quitaron, debes borrar la deuda. Eso significa proclamar que el ofensor ya no te debe nada. En lugar de insistir en los cargos, simplemente tú retiras el caso. Igual que Cristo canceló la deuda de nuestros pecados en el Calvario, así tú y yo debemos cancelar la deuda de los pecados que otros han incurrido en contra nuestra. Es tan simple como decir lo siguiente:

Padre celestial, _____ me quitó
_____ . Me he aferrado a esta deu-
da durante un largo tiempo. Opto por cancelar esta deuda.
_____ ya no me debe nada. Así como tú
me perdonaste, yo perdono a _____ .

Por favor, recuerda que el perdón no es un sentimiento. Es una *decisión*. Simplemente, tú optas por cancelar la deuda. No es algo que tengas que decirle a la persona que te lastimó. En la mayoría de los casos, hacerlo sería inapropiado. Esto es algo entre tú y el Padre.

Por supuesto, es tentador juzgar si hemos perdonado o no de acuerdo a cómo nos *sentimos* en torno a nuestro ofensor. Pero nuestros sentimientos hacia una persona no son siempre indicadores precisos. En efecto, los sentimientos son, por lo general, lo último que se rectifica. Con el tiempo, si tú te adhieres al hecho de que ese individuo ya no te debe nada, hasta tus sentimientos cambiarán. Llegará el día en que serás capaz de responderle a tu ofensor a la luz de la relación de esa persona con el Padre en lugar de cómo ella te trató a ti.

Proceso #3: Cerrar el caso

El proceso final se centra en la decisión diaria de no reabrir tu caso. Lo que hace que esto sea tan difícil es que nuestros sentimientos no siguen automáticamente nuestra decisión de perdonar. Además, perdonar a alguien no borra nuestra memoria. Si pudiéramos perdonar y olvidar, todo esto sería más fácil. Pero en la mayoría de los casos, poco tiempo después de haber perdonado, ocurre algo que de nuevo nos recuerda la ofensa. Y cuando los recuerdos son recurrentes, los antiguos sentimientos también son recurrentes.

Por lo general, una o dos cosas suceden en esta coyuntura: o nos aferramos de nuevo a la ofensa, echamos mano de las conversaciones imaginarias y reabrimos nuestro caso, o intentamos no pensar en eso. Tratamos de orientar nuestros pensamientos hacia otra dirección. Tal vez te sorprenderías si te dijera que ninguna de estas respuestas es apropiada.

Si los recuerdos inundan y dañan tu mente, *adelante, enfréntalos*. Permítete recordar el incidente. Incluso, está bien sentir las emociones que esos recuerdos evocan. Si es necesario, enójate pero no peques (ver Efesios 4:26). Pero, en lugar de reabrir el caso en contra de tu ofensor, en lugar de ensayar las imágenes de retribución y venganza, usa esto como una oportunidad para renovar tu mente.

Una vez más, identifica lo que te quitaron. Luego, agradécele a tu Padre celestial la gracia y la fuerza que te dio para perdonar. Asimismo, agradécele el perdón que él le ha concedido. No aceptes la mentira de que en realidad tú no has perdonado. Enfócate en la verdad. La verdad es que decidiste cancelar la deuda, así que la deuda ya está cancelada. ¿Cómo lo sabes? Porque tú decidiste, como un acto de tu voluntad, cancelarla.

Nuestros recuerdos no son enemigos del perdón. Los recuerdos son simplemente recuerdos. Lo que hagamos con ellos determina su impacto. Nuestros recuerdos son oportunidades para renovar nuestra mente con lo que sabemos que es verdadero. Nuestros recuerdos son oportunidades para regocijarnos en nuestro propio perdón. El verdadero perdón no siempre implica el verdadero olvido. Si renuevas tu mente, los recuerdos dolorosos pueden convertirse en recordatorios de la bondad, la gracia y el poder curativo de Dios en tu vida. Lo que antes eran recuerdos negativos pueden convertirse en una fuente de gozo al experimentar el poder curativo del Padre.

El perdón es el canal de las manifestaciones más significativas del carácter. Nos prepara el camino para que amemos a nuestros enemigos y oremos por aquellos que nos han perseguido. El perdón no es negociable en nuestra búsqueda del carácter.

Capítulo trece

Aprender de nuevo a caminar

Porque cuando soy débil, entonces soy fuerte.

2 Corintios 12:10

Se cuenta que un viejo agricultor luchaba por ponerse al día con las granjas de su región más nuevas y avanzadas en la tecnología. Impulsado por su firme creencia de hacer las cosas a la manera tradicional, el agricultor consideraba que los atajos recién inventados por la ingeniería de la horticultura eran una moda pasajera. Mediante las robustas plantas híbridas y el uso de las últimas técnicas de fertilización, las nuevas granjas duplicaban y triplicaban sus cosechas anteriores. El viejo agricultor necesitaba un plan para competir. Pero en lugar de aprovechar la nueva tecnología, se propuso vencerla por su cuenta.

Su solución era simple.

Limpiaría una grande parcela maderera de sus terrenos y la convertiría en campos para arar. Solo había un problema: talar todos esos árboles le tomaría meses. Además, no terminaría de limpiar el terreno a tiempo para la época de la siembra. «Si solo se me ocurriera una forma más rápida para talar los árboles», pensaba.

Como un golpe de suerte, el viejo agricultor tropezó con un anuncio en una revista. Este resaltaba una nueva aserradora de cadena capaz de cortar un tronco de cincuenta centímetros en veinte segundos. «¡Dos y medio centímetros por segundo!», pensó. A esa proporción, podría limpiar todo su terreno a tiempo para la época de la siembra. Era exactamente lo que había buscado. Así que se dirigió a la tienda a toda velocidad y compró la nueva aserradora.

A la mañana siguiente, a primera hora, el viejo agricultor empezó el proyecto de expansión de sus terrenos. Con ahínco, escogió un roble de cincuenta centímetros para que fuera su primera víctima. Con mucha expectativa, colocó la aserradora contra el tronco del árbol e inició su labor. Pasaron veinte segundos y el árbol seguía erguido. Continuó el esfuerzo ya que pensaba que era su primer intento y que lo dominaría gradualmente. Luego de cinco minutos, con el árbol aún erguido, comenzó a preguntarse si acaso estaba haciendo algo mal. Al transcurrir una hora entera y luego de lograr solo un pequeño corte lateral en el árbol, el agricultor empacó la aserradora y regresó a la tienda.

Con paciencia, el vendedor escuchó las explicaciones del viejo agricultor sobre el nulo progreso en su labor y sus quejas en cuanto a las grandiosas promesas del artefacto que se mencionaba en el anuncio. «Echémosle un vistazo», sugirió el vendedor. Con su mano izquierda sosteniendo el mango de la aserradora, el vendedor apoyó el artefacto en el porche frontal de la tienda. Luego, usando su mano derecha, agarró la manivela de goma lateral y la haló. Instantáneamente, la aserradora cobró vida. Asombrado, el viejo agricultor se echó hacia atrás y exclamó: «¿Qué es ese ruido?»

FUERZA PARA EL VIAJE

Los conceptos vertidos en este libro tal vez captaron tu atención como lo hizo el anuncio de la revista del viejo agricultor. *Esto es lo que he estado buscando,* te has dicho a tí mismo. Y si has llegado hasta este punto de la lectura, es posible que estas páginas te hayan motivado y hasta preparado para hacer del desarrollo de tu carácter una prioridad real.

Pero al igual que el viejo agricultor, hay algo que quizá tú no sepas. Yo no sería honesto si no te lo mencionara al final: *tú no tienes, ni por dentro ni por fuera, lo que se necesita para convertirte en un hombre o una mujer de carácter.*

Tú no puedes lograrlo.

Es decir, no por tu cuenta.

Tarde o temprano descubrirás que toda la motivación del mundo, por sí sola, no es suficiente para llevarlo a la meta. Todos los principios, las máximas y las estrategias son insuficientes. Además de esas cosas, tú necesitas poder. Necesitas habilitación. Necesitas ayuda. Solamente Dios puede completar lo que él comenzó en tu vida. No solo necesitas el plan de Dios para que te dirija, sino también su fuerza para darte el poder.

¡Tú no puedes cambiarte como tampoco puedes salvarte a ti mismo! Con tus fuerzas no puedes transformar tu carácter. El cambio real requiere ciertas revelaciones sobre nosotros mismos que nunca podríamos hacer por nuestra cuenta. El cambio requiere renovación. Y la renovación requiere el trabajo de excavación del Espíritu Santo. Jesús se refirió a él como el Espíritu de verdad (Juan 15:26). En definitiva, es el Espíritu Santo quien irradia la luz de la verdad de Dios en los lugares oscuros de nuestros corazones.

Para convertirte en una persona de carácter, necesitas el poder habilitador del Espíritu Santo.

Vivir por tus propias fuerzas es como empujar un carro en lugar de manejarlo. Sí, hay progresos. Pero es lento, inconstante y extremadamente ineficiente. Mientras sigas empujando tu carro, habrá lugares a los que no podrás ir, cerros que no podrás subir, paisajes que nunca alcanzarás. Y, en ocasiones, tendrás que emplear cada gota de las fuerzas que te queden solo para no perder terreno.

Mientras sigas empujando tu carro, no habrá gozo ni sentido de satisfacción. Verdaderamente, esto no es algo que anheles hacer.

La búsqueda del carácter con tus propias fuerzas puede ser un esfuerzo igualmente frustrante y falto de gozo. El progreso es lento. Es posible pasar años de tu vida intentándolo, simplemente, manteniéndote. Y al ceder, aun por un instante, las fuerzas gravitacionales de la sociedad tienen el poder de llevarte de regreso al punto donde comenzaste tu búsqueda. Después de usar ese enfoque durante algunos años, aun la *idea* de buscar el carácter de Cristo te cansará. ¿Para qué molestarte? Es demasiado agotador. La proporción entre el progreso y el esfuerzo hace que la búsqueda sea una mala inversión de tu tiempo y energía.

Hay otra cosa sobre la acción de empujar tu carro. Mientras más fuerte tú seas, más lejos podrás llegar. Mientras más fuerte seas, más lejos podrás ir antes de agotar tus reservas físicas y empezar a buscar alternativas. De la misma manera, algunos creyentes tardan más tiempo que otros para llegar al final de sí mismos. A algunos les toma más tiempo cruzar los brazos en señal de frustración y decir: «Dios, ¡no puedo hacerlo! Si es que algo va a suceder, tendrás que involucrarte en esto de una manera más evidente».

Como cristianos, funcionamos de acuerdo a uno de los dos modos, con nuestra fuerza o con la de Dios. No cabe duda de que existe una diferencia inimaginable entre los dos modos. La mayoría de los creyentes admite que ellos han necesitado la fuerza de Dios para pasar por momentos de prueba en sus vidas. Están de acuerdo con que existen ciertas tentaciones y pruebas que no pueden vencer sin la ayuda divina. Es común escuchar a un cristiano pedirle a Dios que le dé fuerzas para los desafíos del día.

Sin embargo, para muchos esto es simple retórica. Estas son cosas bonitas que se dicen. La confesión de la dependencia de Dios expresa un sentido de humildad y espiritualidad. No obstante, a menudo no hay una realidad espiritual detrás de las palabras. No existe un sentido real de dependencia. En su lugar, hay un esfuerzo propio que es sincero pero insuficiente. Y, en un momento dado, surge una frustración profunda y permanente.

Estas dos fuentes de fuerzas se derivan en dos enfoques contrastantes de la vida cristiana, el enfoque *religioso* y el enfoque *relacional*. El enfoque religioso se centra en nuestra habilidad para hacer cosas para Dios y su correspondiente obligación de hacer cosas para nosotros. El enfoque relacional se centra en lo que Dios ha hecho por nosotros y en lo que él está dispuesto a hacer a través de nosotros.

EL ENFOQUE RELIGIOSO

Si lo piensas, hay algo llamativo en el enfoque religioso. En la superficie, parece ser justo. Hacemos algo para Dios y, a cambio, él hace algo para nosotros. ¿Hay algo más justo que eso? Pareciera ser lo correcto. Después de todo, mientras más se esfuerce una persona, mejor le debe ir. El trabajo arduo se debe recompensar.

Como creyentes, usualmente rechazamos la noción de la salvación por obras. Y con justa razón. Los Evangelios son claros: la salvación es por la fe en Cristo. Nuestra creencia en la salvación por fe es lo que nos separa de las otras religiones del mundo. Pero una vez que pasamos más allá de la experiencia de la salvación, tendemos a enfocarnos en la vida de una manera religiosa. En otras palabras, medimos el rango de la aprobación y la aceptación de Dios hacia nosotros de acuerdo con nuestras obras. Las buenas obras equivalen a la aprobación. Las malas obras —los pecados— equivalen al rechazo.

Si supiéramos la verdad, la mayoría de las personas que asistirá a la iglesia el próximo domingo lo hará por un sentido de obligación. Es una de esas cosas que «deben» hacerse. A nivel emocional, ellas creen que Dios las verá con buenos ojos solo por el hecho de asistir. Si no van a la iglesia, sienten que eso será un punto en su contra.

De cuando en cuando la mayoría de nosotros cae en este tipo de razonamiento. En el fondo, creemos que si hemos de tener algún tipo de relación con Dios, esa relación depende de alguna clase de rutina, algún tipo de ritual o sistema de puntaje. Pero nada puede estar más lejos de la verdad. Y nada puede ser más contraproducente en nuestra búsqueda del carácter. ¿Por qué? Porque la religión y el esfuerzo propio van de la mano.

Un hombre o una mujer que intenta ganar la aprobación de Dios a través de las buenas obras es una persona que funciona mediante su limitada fuerza. Mientras veamos nuestras obras como un puente hacia la intimidad con Dios y su aprobación, dependemos de nuestras fuerzas. Dios no nos da poder para obtener su aprobación. ¡Tenemos toda la aprobación que necesitamos! La aprobación y la aceptación se establecieron en el Calvario. Al quitar la barrera del pecado, Cristo ganó la aprobación del Padre para nosotros. La aprobación es un regalo que se acepta y no un salario que se gana.

La Biblia tiene un nombre para el acercamiento a Dios que parte de la idea «gánate el derecho». Se denomina *andar según la carne*. Es un enfoque de la vida en el que la persona se cuida a sí misma, quiere ser el número uno en todo y busca sus propios beneficios. Lo extraño de este enfoque es que una persona que anda según la carne quizá asista a la iglesia (si esto le es útil en sus propósitos) e, inmediatamente después que sale de esta, se acuesta con la esposa de su vecino.

La carne toma la señal de las necesidades y los deseos del hombre. Así que cuando un individuo que anda según la carne siente la necesidad de la religión, la carne buscará la religión; cuando el mismo individuo anhela una compañía inapropiada, la carne también puede proveerse de esa compañía.

EL ENFOQUE RELACIONAL

Mientras que el enfoque religioso nos deja intentar lo que mejor podamos hacer según nuestras fuerzas, el enfoque relacional del cristianismo implica una nueva fuente de fuerzas y la habilidad para hacer lo que antes era imposible. La mejor forma de entender el enfoque relacional es pensar en lo que sucede cuando una persona se hace cristiana.

La salvación implica depositar nuestra confianza en lo que Cristo hizo en *su* fuerza en la cruz. Cuando pusimos nuestra fe en él, Cristo hizo algo que nosotros jamás pudimos haber hecho por nuestra cuenta: él quitó la barrera del pecado. Se llevó el castigo de nuestro pecado que se levantaba por encima de nosotros. Lo que nos correspondía era simplemente creer y recibir. Creímos en su promesa y recibimos su vida. Desde nuestro punto de vista, fue una transacción que no nos costó esfuerzo alguno.

Ahora bien, después de saber eso, piensa en las implicaciones de este versículo: «Por eso, de la manera que recibieron a Cristo Jesús como Señor, vivan ahora en él» (Colosenses 2:6).

La actitud y la perspectiva que tuvimos en el momento de nuestra salvación debe ser la actitud y la perspectiva que debemos mantener en nuestro andar diario con Dios. Tú aceptaste a Cristo como tu Salvador porque eras incapaz de salvarte a tí mismo. En efecto, tú dijiste: «Yo no puedo, tú sí puedes». Luego, confiaste en que él podía hacer lo que tú no podías hacer. Y mediante su poder, tú fuiste salvo por la gracia a través de la fe (ver Efesios 2:8-9).

Dios nunca deseó que nos desviásemos del enfoque *Yo no puedo, tú sí puedes*. Lo que fue necesario para convertirte en un cristiano es igualmente necesario para vivir como un cristiano. La perspectiva que teníamos en el momento de nuestra salvación debe ser la perspectiva que debemos mantener durante toda nuestra experiencia cristiana. No teníamos la fuerza para salvarnos a nosotros mismos de la paga del pecado. Tampoco tenemos el poder para salvarnos a nosotros mismos de nuestros encuentros diarios con el poder del pecado.

La misma actitud de un niño que dice: «te necesito, yo solo no puedo. No puedo hacerlo sin ti», debe ser la actitud que debemos mantener a lo largo de nuestra existencia. Pero los métodos antiguos no se extinguen con facilidad. Y así, la mayoría de nosotros regresó a la antigua forma de relacionarse con Dios a través de rituales, reglas y tradiciones. Eso sí, algunas reglas eran distintas después de nuestra salvación. Y hubo nuevas tradiciones a las que nos tuvimos que acostumbrar. Pero nuestro enfoque era el mismo: «Dios, haré mi mejor esfuerzo para obedecerte».

Al alcanzar más conocimientos, la mayoría de nosotros estaba dispuesto a aceptar el hecho de que Dios tenía un sistema absoluto del bien y del mal ante el cual éramos responsables. Nuestros problemas comenzaron cuando nos dimos cuenta de que no teníamos la voluntad para continuar el curso de acción.

LA VOLUNTAD QUE TIENE PODER

Un hombre o una mujer de carácter es alguien que tiene la voluntad para hacer lo correcto. No solo el deseo, sino la disposición. Esto es, tiene la habilidad, el poder y la fuerza para continuar un curso de acción. Por favor, recuerda esto: cuando hablamos de carácter, no hablamos de «ser agradables». Hablamos del mismo carácter de Cristo.

La verdad es que, con nuestras fuerzas, no tenemos la voluntad para continuar el curso de acción. Únicamente la voluntad de una sola persona responde a ese desafío monumental —la voluntad de Aquel cuyo carácter buscamos. Solamente una persona puede manifestar de manera constante el carácter de Cristo, y esa persona es Cristo mismo. En consecuencia, el *poder de Cristo* es necesario para manifestar el *carácter de Cristo*. Y disponemos de ese poder solamente a través del Espíritu Santo.

La búsqueda de carácter implica rendirse al Espíritu Santo y depender de él. La terminología bíblica para este enfoque de la vida es *andar según el Espíritu*. Piensa durante un momento en la dinámica de causa y efecto de este versículo:

Así que les digo: Vivan por el Espíritu, y no seguirán los deseos de la naturaleza pecaminosa.

GÁLATAS 5:16

Los deseos de la carne —los cuales entran en conflicto con el carácter que buscamos— se pueden vencer al vivir por el Espíritu. Este versículo es en realidad una promesa. Si vivimos por el Espíritu, no cumpliremos los deseos de la carne. Seremos habilitados para escoger el sendero del carácter. Seremos fortalecidos para tener la *voluntad* de hacer lo correcto.

Esta es otra forma de verlo: al considerar aquellos elementos que te gustaría desarrollar en tu carácter durante los próximos meses y años, ¿se asemeja alguno de ellos a cualidades tales como amor, gozo, paz, paciencia, benignidad, bondad, fe, mansedumbre y templanza? Es probable que sí. Esta es una lista de características y virtudes que el Espíritu Santo desea producir en nosotros (ver Gálatas 5:22-23).

El apóstol Pablo se refiere a ellos como el fruto del Espíritu porque es el *Espíritu* el que los produce. No son cualidades que nosotros podamos producir por nuestra cuenta, con nuestras fuerzas. Estas no son virtudes que Dios nos manda para salir y lograrlas por nuestra cuenta. Son características que el Padre celestial anhela producir en sus hijos en tanto que estos aprenden a confiar y obtener sus fuerzas. El carácter se produce en nosotros; no es algo que nosotros fabriquemos.

La carne se alimenta del esfuerzo personal. Y el esfuerzo personal es insuficiente para el tipo de cambios al que nos referimos. El esfuerzo personal no puede fomentar lo que se necesita para tener la *voluntad* de hacer lo correcto. Y así, todo el proceso se deteriora. Las buenas intenciones, la determinación, la preparación y las estrategias, ninguna de estas cosas son lo suficientemente poderosas para vencer el poder de la carne. Solo el Espíritu Santo puede habilitar a cada creyente para tener la voluntad de hacer lo correcto sin considerar el costo.

El problema no es que tú no seas lo suficientemente dedicado. El problema no es que no lo hayas intentado lo suficiente. El problema es que lo que tú tratas de lograr es imposible lograrlo con tus fuerzas. Por eso, Dios envió su Espíritu para guiarnos y habilitarnos. Todo esto es intensamente de corte relacional.

Andar en una relación

Andar según el Espíritu es un esfuerzo puramente relacional. Comienza con la entrega. La entrega a una persona. La entrega a sus normas y voluntad para tu vida. Andar según el Espíritu se puede definir de la siguiente manera: una dependencia minuto a minuto del Espíritu Santo para impulsarte a hacer lo que él desea que hagas y para darte el poder para que hagas lo que tú no eres capaz de hacer. Nota que este enfoque no compromete las normas de Dios. No es una licencia para pecar. La meta siempre es la misma: el carácter de Cristo, solo que el método para llegar ahí es diferente.

Claro que existen reglas. Pero estas están diseñadas para darnos una idea de hacia dónde Dios nos conduce. Las reglas anticipan cómo nos veremos según Dios nos transforma gradualmente a la imagen de Cristo. Nuestra tarea no es seguir las reglas. Nuestra tarea consiste en andar según el Espíritu, ya que si lo hacemos no cumpliremos los deseos de la carne. Ese es el camino hacia el carácter.

Así como tú confiaste en Dios para que te liberara de la *paga* del pecado, ahora debes confiar en Dios para que te libere del *poder* del pecado. Tu espíritu se liberó de la paga del pecado —la muerte eterna—en el momento que fuiste salvo. Pero mientras permanezcas en la tierra, tu cuerpo terrenal continuará siendo el blanco del poder destructor y la tentación del pecado. Tu búsqueda del carácter de Cristo lo determina tu dependencia, minuto a minuto, del poder del Espíritu Santo que te ayuda a lograr la semejanza a Cristo.

Tu meta primaria debe ser vivir en un estado permanente de entrega y reconocer que sin la intervención del Espíritu Santo el poder del pecado te derrotará. Si existe un tema en particular que emerge de la totalidad de las Escrituras, este es: a través de una relación con Dios, el hombre es finalmente capaz de hacer lo que era incapaz de hacer por su cuenta. Esto es lo que significa andar según el Espíritu.

Y de esto se trata el carácter.

SEGUIR AL LÍDER

Tú dependes de tu Padre celestial, al igual que yo. Necesitamos reconocer nuestra dependencia y actuar acorde a ella. Debemos declarar nuestra dependencia cada mañana al levantarnos. Y cada noche debemos agradecerle a Dios su suficiencia al cerrar nuestros ojos para dormir. El carácter es el producto secundario de la dependencia, ya que cuando somos débiles, entonces él es fuerte. Y cuando le permitimos que sea fuerte en nosotros, él produce su fruto a través de nosotros.

Si yo te invitara a venir a mi casa, habría varias formas para hacerte llegar. Para empezar, podría darte un mapa. Podría decirte: «Esto es lo que tienes que hacer: ve a la carretera GA 400 y conduce hacia el norte. Toma la salida número 9 y cruza a la izquierda. Una vez que hayas salido, solo sigue este mapa. Te veré en mi casa».

Si sigues las instrucciones del mapa, en un momento dado tú llegarías a mi casa. Con este enfoque, tú podrías evaluar tu éxito según tu habilidad para interpretar un mapa y seguir las instrucciones. Gracias a mi mapa y tu habilidad para seguirlo, todo estaría bien.

Ese es el cuadro de andar según la carne. Tú tienes tus instrucciones y tu lista, y evalúas tu éxito basándote en tu habilidad para ejecutar esas instrucciones —hacer lo correcto. Pero nota dónde está tu enfoque: está en el mapa. Tu relación con el Padre no está al frente ni en el centro de tu pensamiento. Por el contrario, es una lista de reglas que se pueden hacer y reglas que no se pueden hacer.

Si Dios hubiera deseado que siguiéramos una lista, habría dicho: «Aquí está un mapa. Hagan lo mejor que puedan, y los veo en mi casa». Pero no dijo eso. Él dijo: «Yo he venido para que tengan vida, y la tengan en abundancia» (Juan 10:10). También dijo: «Y les aseguro que estaré con ustedes siempre» (Mateo 28:20). A él no solo le interesa tu destino, sino que también le interesa tu viaje.

Otra forma para hacerte llegar hasta mi casa sería decirte: «Súbete a tu auto; yo daré la vuelta para que tú me sigas».

Quizá me preguntarás: «¿Pero en qué dirección vamos a ir?»

«Solo sígueme».

«¿Vamos a conducir por la carretera interestatal?»

«Solo sígueme».

«¿Qué salida tomaremos?»

«*Solo sígueme*. No te perderé ni te dejaré atrás».

Y así comenzaría nuestro viaje. Cuando yo gire a la izquierda, tú girarás a la izquierda. Cuando gire a la derecha, tú girarás a la derecha. Y, en un momento dado, tú llegarás a mi casa. Llegarás al mismo lugar, por la misma ruta, en aproximadamente la misma cantidad de tiempo que te habría tomado de haber usado el mapa. Pero en lugar de enfocarte en el mapa, yo mismo sería tu enfoque. Momento a momento, milla a milla, habrías dependido de mí. Yo habría obtenido tu atención ininterrumpida.

La meta de Dios para ti no es simplemente terminar en el lugar correcto. Su meta es establecer una relación. La meta es una dependencia constante de su Espíritu, dependencia para obtener dirección y dependencia para obtener la fuerza para continuar el curso de acción. Y cuando eso se convierte en tu enfoque de la vida, no solo llegarás al lugar correcto, sino que llegarás de la manera correcta. Y, en el trayecto, tú lo conocerás a él. Al conocer a Dios, descubrirás su carácter. El mismo carácter que él desea crear en ti.

LA DECISIÓN DE SEGUIR

Por supuesto, hay otra forma para hacerte llegar hasta mi casa. Podría meterte en el auto y llevarte hasta mi casa. Durante años pensé que ese era el cuadro de andar según el Espíritu. Yo pensaba: *Voy a crecer y a crecer, y probablemente me comprometa tanto, me entregue tanto, me dedique tanto, hasta que un día Dios finalmente me diga: «Andy, al fin alcanzaste la altiplanicie sacerdotal… el escalón angelical… ¡la jerarquía de la santidad! De aquí en adelante, será un viaje sencillo».*

Pensaba que andar según el Espíritu era un nivel que alcanzamos luego de años de escuchar casetes, leer libros, realizar un maratón de devocionarios e ir cada vez más lejos en las cosas más profundas de Dios. Presumía que había un punto en algún lugar en donde la vida cristiana se tornaría más fácil. Esperaba una infusión de fuerza de voluntad que descartaría la posibilidad de escoger el pecado.

Escuchaba sermones sobre «dejarse ir y dejar a Dios actuar». Continuaba en mi afán de dejarme ir y dejarme ir y esperar a que Dios me recogiera y me cambiara. Pero eso no significa andar según el Espíritu. Esto es así porque en algún punto de esa pequeña transferencia, Dios tendría que infringir en el poder que uno tiene para escoger. Y una vez que hiciera eso, disminuirían el significado y la autenticidad de tu adoración y tu fidelidad. La libertad para escoger es un prerrequisito de una relación genuina.

No obstante, ¿no desearías, en ocasiones, que Dios tomara el control de tu mente? ¿No sería más fácil que pudiéramos caminar por un pasillo, decir una oración, apretar un botón para que, repentinamente, Dios tomara las riendas? Por muy atractivo que eso nos parezca en ocasiones, Dios no desea controlarnos. Si el control fuera su meta, él la habría alcanzado hace mucho tiempo. La relación es su meta. Y para que sea posible, nos ha dado el regalo de la libertad. La libertad para escoger. La libertad para seguir. La libertad para entregarnos.

Al seguir y entregarnos a su voluntad y sus propósitos, Dios nos habilita para que continuemos el curso de acción en lo que respecta a lo que él desea que hagamos. La entrega es una señal de debilidad. Y cuando somos débiles, él es fuerte. Nuestra salvación no comenzó con un compromiso para hacer alguna cosa determinada. Empezó con la dependencia de Alguien. La vida cristiana de día a día funciona de la misma manera. No se trata de comprometerse a algo, sino de depender de Alguien.

PASOS DE BEBÉ

Cuando mi hijo Andrew comenzó a caminar, en casa sucedió algo que le ha pasado a todas las familias con hijos. Probablemente tú has sido testigo de la escena. Nuestro precioso angelito, que durante meses estuvo gateando, finalmente comenzó a pararse y a permanecer sobre sus pequeñas piernas. Está de pie, se sostiene del brazo de un sillón con una mano y parece que ya está listo para dejarse ir. Tiene esa sonrisa grande y graciosa, un poco de saliva en su barbilla y una pierna en el aire.

Entonces, viene el gran momento. Intenta dar su primer paso. Y ahí estamos nosotros, con cámara en mano, animándolo y diciéndole: «¡Vamos, vamos!» Por supuesto, Andrew ni siquiera sabe qué sucede. He extendido mis brazos en dirección a él y también exhibo una sonrisa grande y graciosa. Pero, repentinamente, falsa alarma. Se agarra con los dos brazos del sillón y solo se queda ahí parado, riéndose.

Así que hacemos lo que todo padre haría en ese momento.

Comenzamos a sobornarlo. Tomamos juguetes, comida, cualquier cosa al alcance de la mano para hacer que él quiera moverse en nuestra dirección. Y entonces sucede. Andrew mira a Sandra, me mira a mí y mira el soborno. Sus ojos se ensanchan con emoción. Luego, cae de rodillas y gatea lo más rápido posible para recibir su recompensa.

Y, entonces, todo el proceso comienza una vez más. Y una vez más, Andrew cae de rodillas y gatea. Ahora bien, ¿por qué actúa de esa manera? Eso es sencillo: porque para un bebé gatear es natural. Es lo que ellos hacen. Es lo que hacen desde el día en que inician su motricidad. Es todo lo que saben hacer.

Asimismo, vivir la vida según nuestra fuerza nos resulta natural. Tenemos una propensión interna para la independencia. Acercarse a la vida desde el punto de vista de la debilidad en lugar de la fuerza nos parece extraño e inconveniente. Así que cuando surge la presión, cuando vemos algo que realmente deseamos, algo tan beneficioso como el carácter, caemos de rodillas y comenzamos a gatear.

Pero tú fuiste diseñado para andar de acuerdo con el Espíritu, no para gatear por la vida de acuerdo con tus fuerzas. Aprender a caminar, física o espiritualmente, toma tiempo. Es un proceso. Comienza con pasos de bebé. Implica una serie de retrocesos en los cuales nos volvemos a nuestras viejas maneras de lidiar con las situaciones. Y al igual que sucede con los niños, rehusar a aprender es optar ser un discapacitado para la vida.

EL PRIMER PASO

Para ti, ese primer paso de bebé puede significar levantarse mañana y simplemente decir: «Señor Jesús, este día yo no puedo. Pero tú sí puedes». Ensaya tu día con él. Ora por tu horario, reclama la victoria de las tentaciones que generalmente enfrentas. Piensa en los momentos tensos que esperas afrontar. Tú puedes predecir la mayoría de las circunstancias que probarán tu carácter. Adelante, reclama tu dependencia por adelantado. Al imaginarte moviéndote en medio de los quehaceres del día, díle al Señor: «Yo no puedo, tú sí puedes».

«Señor, probablemente me enfrente a _____. Tú sabes lo difícil que me resulta no chismear cuando estoy cerca de ella. Me cuesta quedarme con la boca cerrada. Yo no puedo, pero tú sí puedes».

«Padre, este día quiero honrar a mi esposo. Pero tú sabes lo difícil que es esto para mí en este momento. Yo no puedo, Señor, pero tú sí puedes».

«Hoy tengo que darle a _____ una respuesta. Sé lo que tú quieres que yo diga. Pero no tengo la fuerza para decir "no". Yo no puedo, pero tú sí puedes».

«Este día veré a _____. Señor, no puedo controlar mis pensamientos cuando ella está cerca. Yo no puedo, pero tú sí puedes».

«Este será un día estresante. Padre, tú sabes que tiendo a perder el control cuando hay mucha presión. Confieso que no puedo controlar las actividades de este día, pero tú sí puedes. Contrólalos a través de mí».

Tu búsqueda del carácter no se ideó para que fuera un vuelo solitario. No se trata de hacer lo mejor que puedas o de ser todo lo que puedas ser. No hay duda alguna, intentaste ser todo lo que puedes ser. Y, al igual que muchos, descubriste que «todo lo que puedes ser» no funcionará. Necesitamos ser lo que no somos, y, en nuestra fuerza, no podemos convertirnos en nada que no sea lo que somos.

Por esta razón, Dios envió al Espíritu Santo a vivir dentro de ti. Vino a dirigirte y habilitarte. Te capacitará para que seas lo que en tu propia fuerza jamás podrías ser: una persona de carácter. Cuando tú no puedes, él puede. Su ambiente óptimo de trabajo es tu debilidad. Su herramienta primaria es la verdad. Su producto final es la reproducción del carácter de Cristo en ti.

Así que saca tu lista de metas del carácter y escribe arriba y con letras grandes: «YO NO PUEDO, PERO TÚ SI PUEDES». Declara tu debilidad. Reafirma tu dependencia. Y pídele a tu Padre celestial que te enseñe lo que significa andar según el Espíritu.

Porque cuando tú eres débil, él es fuerte.

Capítulo catorce

LA META

La multitud gritó emocionada al ver al primer corredor. Su nombre era Germán Silva. Y con solo setecientas yardas de distancia entre él y la victoria, el atleta comenzó a sentir el alborozo del momento.

La edición de 1994 del prestigioso Maratón de la Ciudad de Nueva York se convirtió en el objeto de mayor atención entre los medios de comunicaciones en comparación con las competencias anteriores. Este era el aniversario de plata de esta actividad. La carrera presentó el encuentro de los corredores que inauguraron esta actividad. Se organizó un espectáculo aéreo para cerrar la celebración con broche de oro. Y ahora el circo de actividades que rodeaba al maratón se detuvo cuando los ojos de Nueva York se enfocaron en el final culminante de la carrera.

Silva había corrido casi cuarenta y dos kilómetros. Pero esa distancia no comenzaba a describir la ruta que viajó para llegar hasta ahí. Ese era el cumplimiento de un sueño que nació en una pequeña y empobrecida villa de la campiña mejicana. En la casa, su madre esperaba ansiosamente alguna noticia del éxito. En la casa no había cobertura televisiva deportiva. En la casa ni siquiera había servicio de electricidad. Parecía que durante casi los veintiséis años de su existencia Silva corría hacia el sueño de alcanzar algo mejor para su madre, su gente y su villa. Y al pasar por el túnel de rostros borrosos, coloridas pancartas y seguidores que gritaban, se sintió más cerca que nunca de la meta.

Benjamín Paredes, su amigo y frecuente compañero de entrenamiento, corría detrás a una corta distancia. Juntos habían tomado el control de la carrera en la marca del kilómetro 37. A paso largo se emparejaron en Central Park. Todo indicaba que el Maratón de la Ciudad de Nueva York más afamado en la historia estaba a punto de experimentar la conclusión más emocionante jamás vista en la actividad.

Silva permanecía confiado. Por haberse entrenado con Paredes, Silva sabía que tenía la ventaja. Si todo se iba a definir por una cuestión de velocidad, Silva era el corredor más rápido. Y al aproximarse al último trecho, empezó a separar la distancia entre él y su compatriota. Justo al frente de él, el vehículo de la cámara abría el paso mientras el equipo de producción capturaba el dramático clímax de la carrera y lo transmitía a los hogares de millones de espectadores alrededor del mundo. Física y mentalmente exhausto, Silva se enfocó en la parte trasera del vehículo e incrementó su delantera con firmeza.

Solo a unos cientos de metros por correr, el vehículo dejó Central Park South y giró a la derecha en la entrada al parque por la Séptima Avenida. Con un enfoque impenetrable, Silva lo siguió de cerca. Ya no estaba pendiente de la presencia de su compañero de equipo que venía detrás. Su delantera parecía estar segura. Pero cuando de repente los gritos de la multitud cambiaron de la celebración a la voz de alarma, Silva reconoció que algo andaba mal.

Al echar un vistazo a los rostros a lo largo de la ruta, estos lucían muy afligidos. Un policía movió sus brazos con brusquedad y señaló con dirección a Central Park South. De repente, Silva se dio cuenta de que iba en una dirección equivocada. El carro que él seguía se había desviado del curso a fin de despejar el camino hacia la meta. Pero cuando por fin pudo regresar, ya Silva le había dado a su amigo una ventaja de cincuenta metros.

Silva corrió una velocidad febril para llegar a la meta. De alguna manera, a uno trescientos metros que le faltaban por correr, Silva logró emparejarse con Paredes. Y, mientras los dos cruzaban la meta, Silva emergió con la delantera más pequeña en la historia del maratón y le ganó a su compañero de equipo por menos de dos segundos de diferencia.

Cuando la carrera terminó, Silva le dedicó su esfuerzo a su padre, Abigato, que cumplía 70 años al día siguiente. «Antes, él no quería que yo me volviera un corredor porque la situación en mi villa estaba muy difícil», dijo Silva al aceptar un premio de $150,000 dólares y un nuevo automóvil Mercedes. «Ahora, pienso que él es uno de mis fanáticos más fieles».[6]

Un escape estrecho

Germán Silva apenas escapó de uno de los más grandes desastres deportivos de nuestra época. Él era físicamente superior a sus oponentes, estaba bien preparado para la carrera y estaba mentalmente enfocado. Sin embargo, durante unos segundos críticos encauzó todo su talento y años de entrenamiento en una dirección equivocada. Y eso casi le costó la carrera.

La vida es una carrera. Todos corren. Pero no basta con solo correr rápidamente. Usted tiene que correr en la dirección correcta. Eso significa tomarse el tiempo para responder preguntas como estas:

1. ¿Qué es el éxito para mí?
2. ¿En qué quiero convertirme?

3. ¿Cómo quiero que me recuerden?

Dios puede haberte bendecido con todo el talento del mundo. Tú puedes tener una educación estupenda. Puedes estar rodeado de oportunidades maravillosas. Pero a menos que te tomes el tiempo para descubrir lo que realmente es importante para ti, a menos que definas tu meta personal, podrías verte ganando una carrera que nunca quisiste correr. Tras años de andar por el camino puedes volverte para ver una vida invertida completamente en una mercancía que no rindió el tipo de ganancia que buscabas.

Tu Padre celestial desea crear en ti el mismo carácter del Salvador. Su deseo es conformarte a la imagen de su Hijo. Pero este es un proceso —un proceso en el cual Dios mismo toma un interés personal. Y es un proceso en el cual tú desempeñas un papel importante.

Dios obra para moldearte y formarte de adentro hacia afuera. Al alinear tu voluntad con la de él, *ocurrirá* el cambio.

El cambio que te preparará para las inevitables tormentas de la vida.

El cambio que te dará influencia ante aquellos que te observan.

El cambio que reflejará bien a tu Padre celestial.

El cambio que dará por resultado una vida que dice mucho más que las palabras.

NOTAS

1. Kouzes, James M. y Posner, Barry Z., *The Leadership Challenge* [El desafío del liderazgo], Jossey Bass Publishers, San Francisco, 1987, p. 16.

2. Lewis, C.S., *The Case for Christianity* [La defensa del cristianismo], Macmillan, Nueva York, 1943, p. 5.

3. McCartney, Bill, *Ashes to Glory* [De las cenizas a la gloria], Thomas Nelson, Nashville, TN, 1995.

4. Crabb, Larry, *Men and Women: Enjoying the Differences* [Hombres y mujeres: gozando de las diferencias], Zondervan, Grand Rapids, MI, 1993.

5. Nisenson, Samuel y DeWitt, William A., *Illustrated Minute Biographies* [Biografías ilustradas de un minuto], Grosset & Dunlap, Nueva York, 1964.

6. *NY Running News* [Noticias de la carrera de Nueva York], enero/diciembre de 1995.

Nos agradaría recibir noticias suyas.
Por favor, envíe sus comentarios sobre este libro
a la dirección que aparece a continuación.
Muchas gracias.

Vida@zondervan.com
www.editorialvida.com